稼ぎ続ける力

「定年消滅」時代の新しい仕事論

大前研一
Ohmae Kenichi

小学館新書

新書版まえがき――「定年」は自分で決める

「耳を疑うような愚策」が現実に

新型コロナウイルス禍で世の中は一変した。多くの企業が在宅勤務・テレワークを基本的に導入し、旅行や外食は制限された。インバウンド（訪日外国人旅行）は激減し、さまざまな業種の企業や店舗が倒産・閉店・休業に追い込まれ、失業者も増え続けている。人生設計が崩れた人も少なくない。

そんな中、２０２１年4月から「70歳就業法」と呼ばれる「改正高年齢者雇用安定法」が施行され、企業に対して、希望する社員が70歳まで働けるようにする〝努力義務〟が課されることになった。

現在、日本企業の8割近くは「60歳定年制」をとっており（図表1参照）、現行法では

65歳までの雇用機会の確保が義務付けられているが、今後はさらに次の①～⑤のいずれかの措置を講じるよう努めなければならなくなる。

①70歳までの定年引き上げ
②定年制の廃止
③70歳までの継続雇用制度（再雇用制度・勤務延長制度）の導入
④70歳まで継続的に個人事業主などとして業務委託契約を締結する制度の導入
⑤70歳まで継続的に社会貢献事業に従事できる制度の導入

この改正について私は、政府の未来投資会議（＝菅義偉《すがよしひで》政権になってから廃止）で議論された直後から雑誌連載や著書で疑問を呈し、「重箱の隅をつつく『マイクロ・マネジメント』の典型」「耳を疑うような愚策」と批判したが、結局、現実のものとなってしまった。

お上による「年齢差別」はやめよ

「70代を高齢者と言わない街」

東名高速道路を走っていると、神奈川県の道路橋に掲げられたそんな横断幕が目に入る。これを設置している大和市のホームページによれば「〝人生100年時代〟を迎える超高齢社会では、一般に65歳以上を高齢者とする固定観念を変えていくことが必要」と考え、2014年に「60歳代を高齢者と言わない都市　やまと」を宣言。その後、2018年に「60歳代」を「70歳代」に引き上げたという。

だが、そもそも何をもって「高齢者」という線引きをするのか？

日本政府は、WHO（世界保健機関）の定義に従い、65歳以上を高齢者（65〜74歳を前期高齢者、75歳以上を後期高齢者）と呼んでいる。現在、国民年金の受給開始年齢は原則65歳である。

日本老年学会・日本老年医学会は、2017年に「近年の高齢者の心身の健康に関する種々のデータを検討した結果、現在の高齢者においては10〜20年前と比較して加齢に伴う身体的機能変化の出現が5～10年遅延しており、『若返り』現象がみられています。従来、高齢者とされてきた65歳以上の人でも、特に65～74歳の前期高齢者においては、心身の健康が保たれており、活発な社会活動が可能な人が大多数を占めています」と提言している。

実際、老化の度合いは同年齢でも個人差が大きい。たとえば、私の親友で登山家・プロスキーヤーの三浦雄一郎さんは、80歳で最高齢エベレスト登頂に成功し、88歳になった今も新たな挑戦に向けてトレーニングに励んでいる。彼の父・敬三さんは、99歳でモンブラン大滑降を達成した。

あるいは、ソニーの創業者・盛田昭夫さん。かつて私と対談した時、盛田さんは眉をひそめてこう言った。

「ゴルフ場の風呂に入ると、50代以上の人はたいていお尻の肉がデレっと垂れて『ハ』の字型になっている。あれは許し難い」

そこで盛田さんはシェイプアップを目指し、それまでやっていたゴルフとテニスに加え、60歳でスキー、65歳でウインドサーフィン、67歳でスキューバダイビングを始めた。

私自身、78歳になった今でもオートバイのツーリングが趣味なので休暇のたびに日本中を走り回り、夏はスキューバダイビング、冬はスノーモービルを楽しんでいる。毎日1時間ほどウォーキングをして体力維持にも努めている。

だから私は、年齢による差別は男女差別と同じくらいあってはならないものであり、「高齢者」とみなすかどうかは本人の資質や能力によって決めるべきだと考えている。

もちろん60〜65歳でリタイアして、犬の散歩や旅行などの趣味を楽しみながら穏やかな

図表1 日本企業における定年制の現状

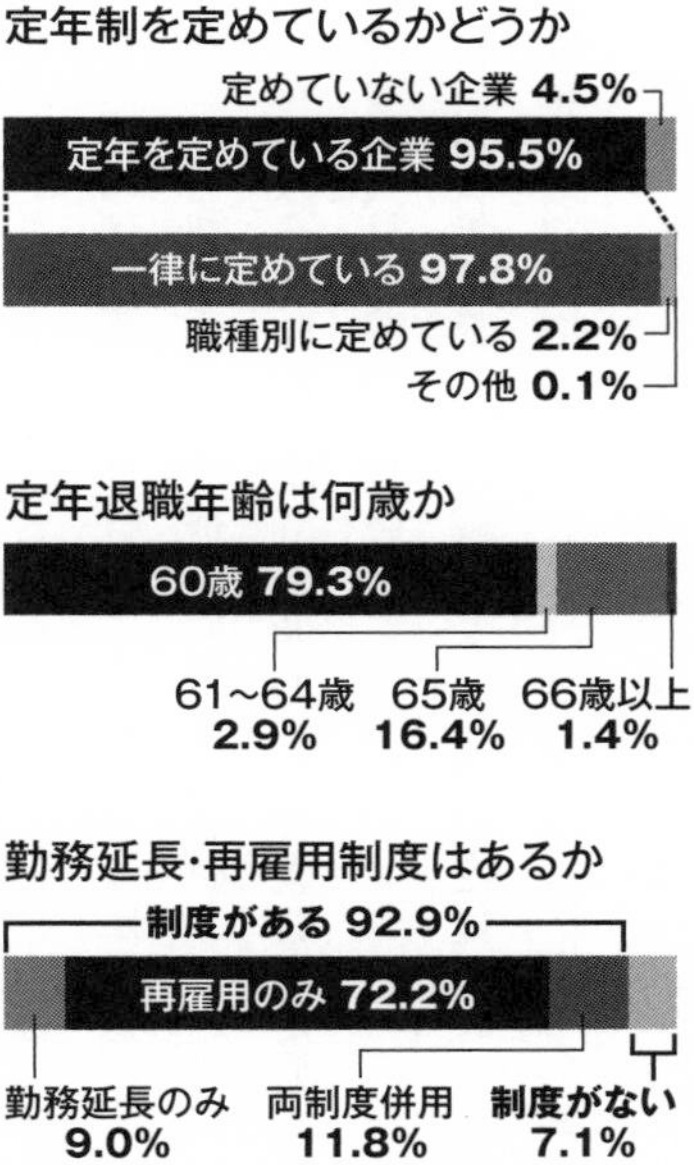

勤務延長制度がある企業の56.9%、再雇用制度がある企業の80.8%が最高雇用年齢を定めており、そのうち9割超が「65歳以上」となっている。

出所：厚生労働省「平成29年就労条件総合調査」

老後を過ごしたいという人もいるだろう。そういう人は、それを選択すればよい。

私が言いたいのは、本来、リタイアするかどうかを選択するのは個人であり、雇用を継続するかどうかを判断するのは企業である、ということだ。

実際、たとえばリクルートは、事実上35～47歳の定年制にして常に組織を活性化するとともに、優秀な人材を輩出している。

一方、定年退職年齢を一律に縛ると、企業は変化に対する柔軟な対応ができなくなる。日本の生産年齢人口が増加していた高度成長期は、定年を義務化することにより「ところてん方式」で高年齢労働者を若年労働者に入れ替えて組織の新陳代謝を図る必要があった。しかし、現在の低成長期に定年退職年齢を延ばしたら、能力もやる気もない〝老害社員〟が溜まって企業の足枷が重くなるだけである。国が上から定年退職年齢を「70歳」と決め、それまで雇用を継続するように義務付けるのは年齢差別であり、基本的に間違いだと思う。

「優先席」が不要になる社会に

高齢者差別の最たるものは、運転免許更新手続きだ。満70歳以上は更新手続き前に座学・運転適性検査・実車の「高齢者講習」を受ける必要があり、満75歳以上はそれに加えて「認知機能検査」を受けねばならない。

たしかに高齢者の事故率は高いし、高齢者がブレーキとアクセルを踏み間違えたことによる事故や道路を逆走する問題などが多発しているから仕方がないとは思うが、若者の事故も多いのだから満70歳以上に一律に面倒な講習や検査を強いるのは、いかがなものか。座学・運転適性検査・実車の講習を行なうのであれば、一定の基準を定めて全年齢を対象にすべきである。

そして今後はＡＩ（人工知能）による運転適性検査が可能になるだろうから、それで問題ないと診断されたら、年齢にかかわらず更新できるようにすればよい。もちろん自動運転になれば年齢は全く関係なくなるし、究極的には免許更新手続きそのものが不要になる。

年齢による「逆差別」もある。たとえば、75歳以上の医療費窓口負担の問題では、１割から2割に引き上げる対象年収をめぐって自民党と公明党の間ですったもんだがあった。自民党は対象を年収１７０万円以上としていたが、公明党が２４０万円以上を主張したため、双方のほぼ中間にあたる２００万円以上になったのである。

だが、そもそも70歳以上でも、働いていたり年金が多かったりしてそれなりの収入がある人は、医療費も70歳未満と同じ3割負担のままでよいと思う。国民皆保険制度ができた当初に比べると、今や日本の人口構成（人口ピラミッド）は大きく変わった。生産年齢人口が毎年平均60万人くらいずつ減り続けているのに、漫然と高齢者の1割負担や2割負担を続けていたら、ピサの斜塔のてっぺんに重りをつけてどんどん傾きを増しているようなものであり、現行制度を維持できるわけがない。医療費は、年齢ではなく収入によって負担割合を決める制度に変更すべきである。

電車やバスの「優先席」も不要だと思う。今の日本は、高齢者や妊産婦や体が不自由な人が目の前にいても、座っている若い人や中年の人たちの多くは寝たふりをしていたり、スマートフォンを操作しながら気づかないふりをしていたりするが、ハンディキャップがある人がいたら座席を譲るのが社会的規範として当たり前であり、わざわざ優先席を設けなくても高齢者などへの配慮が自然にできる国民が多数を占める社会を目指すべきである。

「定年」という概念がなくなる

定年退職年齢の問題に戻ろう。企業や組織によって求められる能力・人材は違う。その会社にとって必要な能力を持っている人材なら70歳でも80歳でも雇用すればよいし、不要であれば65歳以前でも解雇・転職を可能にすべきである。

一方、個人のほうは、定年になっても、あるいはもし解雇されたとしても、別の会社で求められる人材にならねばならない。第3章の「実践編1」で詳述するが、たとえばDX（デジタル・トランスフォーメーション）のキースキルを使いこなせる人材は、どこの会社でも重宝される。DXに対応できている会社はまだほとんどないからで、そういう余人をもって代えがたいスキルを、今の会社に勤めている間にリカレント教育で身につけ、磨いておけばよいのである。そうすれば日本全国の会社から「引く手あまた」になり、「定年」という概念がなくなるのだ。

それは、前述した「70歳就業法」によって定年が延びるからではない。働き方が多様になるこれからの時代に求められるのは個人の能力だけであり、年齢は関係なくなるからである。「定年消滅」時代はすでに到来している。

実は、私が学長を務める「ビジネス・ブレークスルー（BBT）大学」で重要な役割を果たしているのが、ＢＢＴ大学院でＭＢＡ（経営学修士）を取得したＯＢたちだ。彼らは一般の企業に勤めているが、ＢＢＴ大学でもティーチング・アシスタント（ＴＡ）やラーニング・アドバイザー（ＬＡ）として、学生のディスカッションをリードしたり、科目ごとのアドバイスを行なったりするなど授業をサポートしてもらっている。

そんな彼らに対し、地方の大学などからオファーが相次いでいる。なぜなら、いま多くの大学はオンライン授業や21世紀のデジタル化などに古いスキルしか持っていない教授が対応できず四苦八苦しているが、ＢＢＴ大学は２００５年の創立以来、オンライン授業で最先端のビジネスに関するコンテンツを提供しているからだ。

そこでＢＢＴ大学は、彼らが所属企業で定年を迎えたら（もちろん定年前でも）他の大学の教授や准教授になる道を開いている。それを選択すれば、彼らは教育者として70歳、80歳になっても働き続けることができるわけだ。

私の古巣であるマッキンゼーの場合も、出身者の多くが定年のない世界にいる。つまり、政府が決めた定年という「偏見」に縛られず、やりがいのある仕事をできるだけ長く続けて稼ぎたいのであれば、いま勤めている会社の中で与えられた仕事をこなすだけでなく、若い時から常に「働き方」を意識して定年後も他社から引く手あまたになる余人をもって代えがたいスキルを身につけ、磨いていかねばならないのだ。それが「人生100年時代」の最も重要なポイントだと思う。

本書は、2019年に上梓した単行本『50代からの「稼ぐ力」』を再編集して新書化したものである。新たに新型コロナウイルス禍の影響を踏まえて加筆・修正することになったが、とりわけインバウンドの拡大を見越して提案した新ビジネスについては、コロナで外国人観光客が激減したため割愛し、新たな観光需要の創出策を提案することにした。また書名は、年齢にこだわらずに仕事をしていくという意味で『稼ぎ続ける力』とした。

読者の皆さんが今後の働き方を考えるヒントになれば幸いである。

2021年3月　大前研一

【編集部より】新書化にあたっては、事実関係の変更や進展があった箇所を中心に加筆・修正しました。ただし、単行本刊行時の著者の見解や分析を活かすため、一部の統計・指標・図表などの数字や人物の肩書等は、元のままとしています。

稼ぎ続ける力

目次

はじめに――「稼ぐ力」は〝見えない貯金〟である

失敗のツケを国民に回す政府

「70歳までの就業機会を確保する」

安倍晋三首相（当時）は自ら議長を務める「未来投資会議」の席上、こう述べた。『日本経済新聞』（2018年10月23日付）によると、65歳までの継続雇用を企業に義務付ける制度はそのままで、65歳以上の「シニア転職」を増やすことなどが議論されたという。会議では「70歳就業」に伴う年金制度についても話し合われ、現在65歳の受給開始年齢を高齢者が自ら選べる範囲を広げること（70歳以降に受け取るなど）も検討するとした。その後、未来投資会議での議論は国会に引き継がれ、「改正高年齢者雇用安定法」――いわゆる「70歳就業法」として現実となった。

首相官邸ホームページに残されている議事要旨を見ると、民間議員からは70歳定年の急な法制化に対する反対意見や、年金の支給開始年齢引き上げを懸念する見解が出ている。それに対して、政府側からは「法制についても、まずは一定のルールのもとで、各社の自由度も残る法制とすべき」「これまでも明確に申し上げてきているが（中略）年金について、支給年齢の引き上げというのは、政府として全く考えていない」といった〝配慮〟がうかがえる発言が残されている。

だが、騙されてはいけない。

翌2019年5月に開催された第27回の同会議では、法制は「二段階に分けて」進めることとし、今度の法改正は「自由度」があるものの、「第二段階」では「現行法のような企業名公表による担保（いわゆる義務化）のための法改正を検討する」としている。実際、これまで定年が60歳、65歳と引き上げられる際には、まず「努力義務」という形をとり、その後で正式に「義務化」されている（図表2参照）。

また、同じ年の6月には、いわゆる「老後2000万円問題」が巻き起こった。これは、男性が65歳以上、女性が60歳以上の夫婦の場合、年金収入だけで生活すると毎月約5万円

図表2 55歳から70歳へ――「定年」引き上げの経緯

	定年制度の主な変更	厚生年金の支給開始年齢
~1970年代	**55歳定年**が一般的	55歳➡60歳へ
1986年	**60歳定年**を努力義務化	
1990年	定年後再雇用を努力義務化	
1998年	**60歳定年**を義務化	
2000年	**65歳まで**の雇用確保を努力義務化	
2006年	**65歳まで**の雇用確保を義務化	60歳➡65歳へ（定額部分）
2013年	**65歳定年**を義務化（2025年まで）	同上（報酬比例部分）
2021年	**70歳定年**を努力義務化	
20××年	**70歳定年**を義務化？	65歳➡70歳へ？

➡ 働き方の多様化により「定年消滅」へ

参考：厚生労働省資料などから編集部で作成

の赤字となり、20年後に1300万円、30年後には2000万円が不足するとした金融審議会の報告書が発端だった。この報告書については、所管する麻生太郎金融相（兼財務相）が「受け取りを拒否する」という異例の対応で強引な幕引きを図ったが、根本的な問題は何も解決していない。少子高齢化がますます進んでいる中で、現在の年金財政が維持できるはずがないだろう。

最初は耳触りのいいことを言っておいて、後からひっくり返す――それこそ日本政府の常套手段である。

つまり、70歳定年制の導入は「65歳以上になっても働き続けて社会保障費の抑制に協力しろ」「年金は当てにするな」という政府からのメッセージであり、65歳以降を年金だけに頼っていたら生活していけない時代になる、ということである。要は、政府が年金政策の失敗のツケを国民に回そうとしているだけの話なのだ。

自分の人生は自分で決める

実際、2020年版「高齢社会白書」によると、高齢者世帯（65歳以上の者のみで構成するか、これに18歳未満の未婚者が加わった世帯）の平均年間所得（2017年）は334・9万円。これは、それ以外の世帯（母子世帯を除く）の平均661・0万円の半分でしかない。しかも、高齢者世帯の62％は総所得に占める公的年金・恩給の割合が80％以上となっている。

つまり、いま50代以下の人たちの大半は、この先、生涯現役時代や雇用改革を名目に年金の支給額が減額されたり受給開始年齢が引き上げられたりしたら、いわゆる「下流老人」になってしまい、場合によっては「老後破産」に追い込まれかねないのだ。

となれば、もはや考え方を変えるしかない。適切な対策を講じてこなかった政府の責任は追及すべきだが、その一方で、我々は「下流老人」や「老後破産」を回避するべく、自分で活路を見いだしていかねばならない。すなわち、人生の晩年を豊かで充実したものにするためには、死ぬまで「稼ぐ力」が必要となる。「稼ぐ力」があれば「名札」と「値札」が付くから、自分が勤める会社では余人をもって代えがたい人材となり、他社からも引く手あまたになる。起業することもできるので〝定年〟という概念はなくなる。

その「稼ぐ力」がないと、会社依存の人生、他人依存の人生、政府にいいように左右されてしまう人生になってしまう。だが、自分の人生は自分自身で操縦桿を握ってコントロールすべきである。

そもそも人生は、働くためではなく、楽しむためにある。

たとえば、イタリア人は人生をエンジョイすることしか考えていない。みんなそのために働いている。男性の多くは昼と夜に二つの仕事を持っているし、女性も子育てが終わったらせっせと働く。稼いだお金は貯金せず、人生を楽しむためにどんどん使う。新型コロナウイルス禍で様相が一変したが、もともと夏のバケーションは1か月以上が当たり前で、長い人は2か月休む。最後は貯金がなくても年金があれば何とかなるさ、と考えているのだ。だから、もしイタリアやフランスで政府が「定年を5歳延ばす」と言えば、国を挙げての大暴動が起きるに違いない。

一方、そういう割り切った発想は、日本人にはできない。重い病気になるかもしれない、年金だけでは生活できなくなるかもしれない、といった「漠たる将来の不安」から大半の人が消費を節約して貯蓄に励み、個人金融資産が１９００兆円以上に膨らんでいる。だが、これは間違っていると思う。

より前向きなメッセージ

私は２００４年に『50代からの選択』（集英社）という本を書いたが、その要旨は、50歳までに出世していなければもう将来の見込みはないから、人生そのものをエンジョイしてハッピーに死ぬことを考えなさい、というものである。

それに対して本書のメッセージは、50歳までに出世していなくても「稼ぐ力」さえあれば、自分の好きな人生を生きることができるという、より前向きなものである。「稼ぐ力」は、50代になってから勉強しても遅くはないが、できればもっと早く、40代までに身につけることが望ましい。

定年退職後に限らず、どの年代でも「稼ぐ力」があるというのは、いわば柔道や空手の「黒帯」を持っているようなものだ。もし何らかのトラブルや転機に遭遇したとしても、黒帯の実力を持っていると余裕があるからビクビクしないで済み、人生が安定するのである。

要するに「稼ぐ力」があれば、それが一番の「蓄え」になるのだ。いわば〝見えない貯金〟である。ふだんは使わなくてもよいが、いざとなった時は繰り出せばよいのである。「稼ぐ力」は皆さんの人生設計において、金利が雀の涙ほどもつかない貯金や全くあてにできない年金よりも、よほど頼りになるのだ。


本書では、自分の人生を輝かせるために必要な「稼ぐ力」をどう身につければよいか、読者への提言をまとめている。そのためには、近い将来の日本がどのような姿になっているのかを知っておく必要がある。第1章ではまず、いま働き盛りの40代・50代が高齢者となる近未来の日本を予測し、そこで「稼ぐ」イメージを模索している。第2章では、年金制度も政府の経済政策も期待できないこの国で、他人任せや国任せではないライフプランはどうあるべきか、ということを提示した。第3章以降は実践編として、「稼ぐ力」を身につける具体的な道筋や、私なりのアイデアをいくつか示した。

本書が、一人でも多くの読者の「稼ぐ力」につながれば幸いである。

大前研一

第1章［近未来予測］

2040年に「老後」は存在しない

新型コロナ禍で失業や自殺が増加

新型コロナウイルス禍という出口が見えないトンネルの中、泥縄式の対策で右往左往する菅義偉政権に対する国民の批判は高まる一方だ。

2020年末、菅首相がインターネット番組で「ガースーです」と自己紹介して笑いを取りにいったことや、銀座の高級ステーキ店で自民党の二階俊博幹事長ら高齢者8人で会食したことが問題視されたが、国民の大半が自粛要請に応じて苦労している時に、率先垂範すべき首相が危機感ゼロの能天気な発言や行動をしていたら、非難を浴びるのは当然だろう。

ヨーロッパとアメリカで猛威を振るっている新型コロナ第三波の影響は、日本においても深刻だ。医療体制が逼迫《ひっぱく》し、感染者の治療にあたっている医師や看護師、市民から相談を受けている保健所職員らの疲弊は極めて憂慮すべき状況になっている。

また、2020年平均の完全失業率は2・8%で、リーマン・ショックの影響が表れた2009年以来11年ぶりの上昇となった。

ただし、そもそも完全失業率はすべての失業者を網羅した数値ではない。総務省が「一定の統計上の抽出方法」によって選定された約4万世帯を対象に毎月実施している「労働力調査」を基に算出されている。つまり、恣意的な条件に基づいて抽出された完全失業者数をベースにした数値なのである。

しかも「仕事をする意思はあるが、求職活動をしていない失業者」は完全失業者に含まれない。つまり、新型コロナ禍による勤務先の倒産や人員削減で失業し、その後、仕事を探しても見つからなくて再就職を諦めてしまった場合など、労働市場から一時的に退出した人は統計上の失業者としてカウントされていないのだ。実際の失業率は水面下で2～3倍に拡大しているはずで、すでに10％を超えているという見方もある。

それを裏付けるのが、女性の自殺者数の急増だ。２０２０年10月は20代（１０５人）と40代（１４２人）が前年同月比２倍以上に達し、30代（１１２人）と50代（１３３人）も同２倍近くになった。同年の年間自殺者数も、やはりリーマン・ショック後の２００９年以来11年ぶりに前年を上回った。その大きな理由は、まさに新型コロナ禍で甚大なダメージを受けて、失業したり仕事が減ったりした人たちの生活困窮だと思う。

したがって政治の最優先順位は、これらの人たちや医療・保健従事者を救済・支援するための施策や対策を講じることであり、税金を使って感染を拡大する「GoToトラベル」や「GoToイート」ではない。菅政権の新型コロナ対策は、未曾有のパンデミック（感染症の世界的大流行）を克服するための優先順位を無視して迷走していると言わざるを得ない。

「国家ビジョン」なき総理大臣

もとより菅首相の最大の問題点は、確たる国家観も5年後10年後の国家ビジョンもないことだ。国づくりの政策理念として掲げた「自助・共助・公助」は小学校で教えているレベルの話であり、それでは日本をどういう国にしようとしているのか、さっぱり分からない。

具体的な政策も「行政のデジタル化」「携帯電話の料金引き下げ」「不妊治療への保険適用の拡大」「国内の温暖化ガス排出を2050年までに実質ゼロ」「地銀再編」「NHK改革」「中小企業再編」など幹が見えない七夕の短冊みたいで、かつての民主党政権のようだ。

良し悪しはともかく、安倍晋三前首相には憲法改正、安保法制、教育基本法改正といった国家観や国家ビジョンがあった。過去の代表的な例は、田中角栄元首相の「日本列島改造論」、中曽根康弘元首相の「三公社民営化」や「日米イコール・パートナーシップ」である。

菅首相には、そういう大きな構想や目標が何もない。安倍前首相の「負の遺産」のアベノミクスを継承しているだけである。しかも、菅首相の後ろ盾の二階俊博幹事長は、旅行業界と土木建設業界を牛耳っている「ＧｏＴｏトラベル」や「国土強靭化」「ＩＲ（統合型リゾート）」などの旗振り役であり、やはり国家観や国家ビジョンがあるとは到底思えない。

だから菅首相は、毎日のように、朝食をホテルのレストランで秘書官や民間人と食べ、夜も高級レストランでブレーンの経営者や学者、内閣官房参与、マスコミ幹部、政治ジャーナリストらと会食してアドバイスを求めている（批判を浴びて自粛）。それを基にキーワード一発で政策・施策を決め、自分の頭の中で全体を組み立てていないから、散弾銃のように一貫性のないものになってしまうのだ。

現役・将来世代への配慮なし

その象徴が、2020年12月に公明党との間で合意した75歳以上の医療費窓口負担の1割から2割への引き上げだ。

自民党は対象を年収170万円以上としていたが、公明党が240万円以上を主張したため、双方のほぼ中間にあたる200万円以上になった。かつて自民党の金丸信幹事長(元副総裁)がよく使った「足して2で割る」手法である。私は当初、自民党案を評価していたが、結局、公明党に譲歩して中途半端になってしまった。与党の政治家たちは「財政規律」を全く考えていないし、「現役世代および将来世代の負担」にも配慮していないのである。

2020年度の新規国債発行額は、初めて100兆円を超えて112兆5539億円に達する。リーマン・ショックの影響で過去最大だった2009年度の51兆9549億円の2倍以上である。2020年度の歳出は175兆6878億円で、過去最大だった2019年度の約1・7倍に増える。

図表3 「ワニの口」は開く一方
——「歳出」は伸び続ける一方で「税収」は伸び悩み

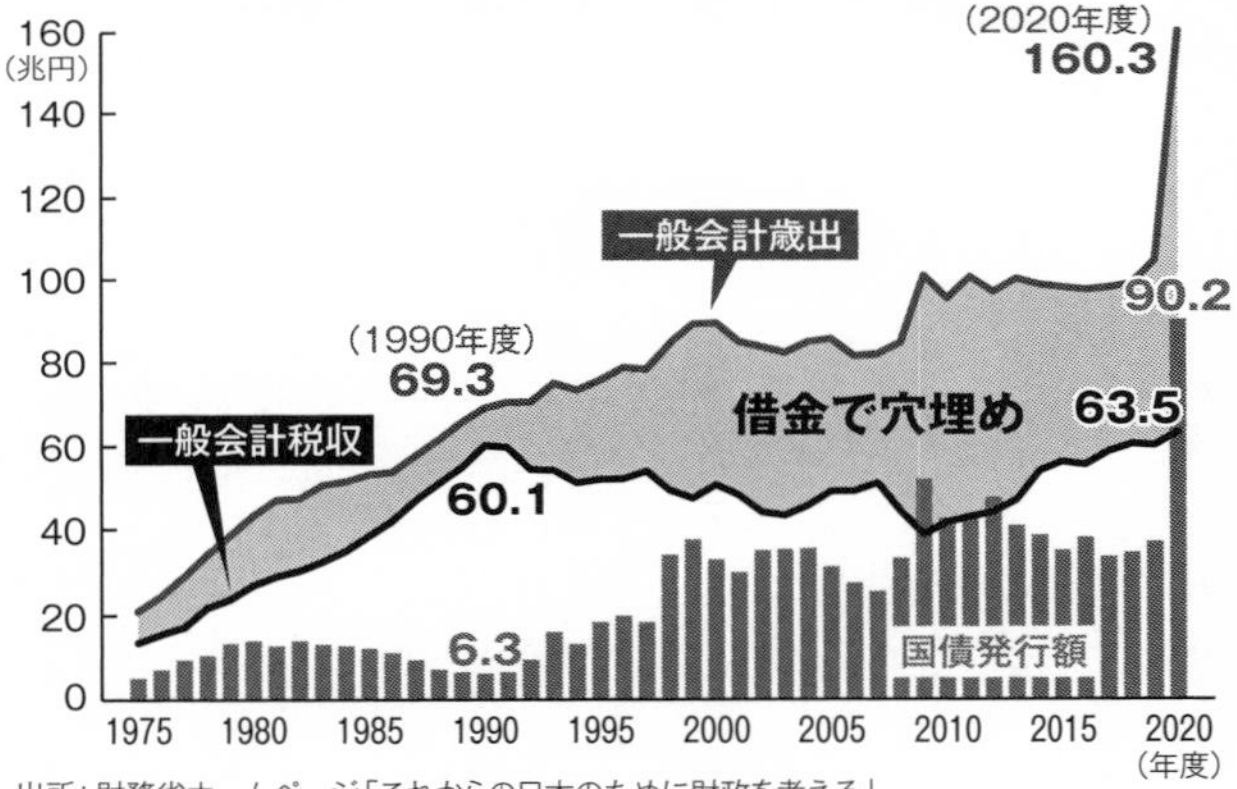

出所：財務省ホームページ「これからの日本のために財政を考える」

2021年度予算案の一般会計総額も、過去最大の106兆6097億円で、いわゆる「ワニの口」（※／図表3）は開く一方だ。菅政権は将来に極めて大きな禍根を残す政治を行ない、国の借金を増やし続けているのだ。

※国の一般会計予算の動きを示すグラフ。歳出の推移をワニの「上あご」、税収の推移をワニの「下あご」に見立てると、ワニが口を開いたように見えることから名付けられた。

一方、新型コロナ禍で世の中は様変わりしている。DX（デジタルトランスフォーメーション）の進展、eコマースや配達サービスの利用拡大などによって昔のような繁華街の賑わいはなくなり、働き方も多くの業種でテレワークを基本的に取り入れている。さらに、第5章で詳述するように、不動産市場も激変し、従来とは違うビジネスチャンスが生まれている。これは新型コロナ禍が終息しても、元には戻らないと思う。

本来、いま政府は中国、台湾、韓国、東南アジア、アメリカ、ヨーロッパなど世界の状況を注視しながら、日本経済を立て直すための人材育成を軸とした新たな国家ビジョンや国家観を打ち出すべきだが、それはないものねだりかもしれない。

10年先の問題が見えているか

私は菅首相に聞いてみたい。「5年先、10年先を見た時、あなたが考える日本の最大の問題は何ですか?」と。私に言わせれば、それは二つしかない。

一つは、これから世界で戦える突出した人材を養成する教育システムがないことだ。台湾や中国、イスラエルなどは教育の方向性を理工系に振り、最先端の技術を開発できる人材の育成に力を注いでいる。また、台湾、中国、韓国、ドイツ、北欧諸国などは英語をとことん勉強させている。

たとえば中国の清華大学は、もともとアメリカの大学に留学するための予備校として設立されたので、英語教育を徹底的に行なってきた。だから、今やネイティブ並みに話せる人材を続々と輩出している。あるいは、中国と欧州委員会が合同で設立した上海、北京、深圳にキャンパスがある国際ビジネススクールの中欧国際工商学院（CEIBS）でも、すべての授業が英語で行なわれ、学生はみんな普通に英語を話せる。私は講演に呼ばれて二度訪れたが、話をしただけで日本の若者とはレベルに大きな差を感じた。

したがって日本は、平均レベルが高い人間を大量生産する工業化社会に向けた教育システムから、海外の優秀な人たちと互角に戦える突出した人材を育成する教育システムに一刻も早く転換しなければならない。でないと、21世紀の世界で繁栄することはできないのである。

もう一つの日本の問題は、やはり世界から大きく後れを取っている政府のデジタル化だ。これは暗証番号やパスワードを用いて自治体別に開発してきた現在のマイナンバー制度やマイナポータルを基にするのではなく、指紋や虹彩、静脈などの生体認証を導入してゼロから構築すべきである。そのほうが絶対に手っ取り早くてコストも安くつき、セキュリティも格段に高まるのだ。

だが、菅首相にそういう認識はない。このままいくとデジタル庁は、お粗末なマイナンバー制度のシステムを作ってきたITゼネコンの言いなりの〝デジタル御用聞き〟になるだけだ。

要するに菅首相は、確たる「国家ビジョン」「国家戦略」がないため、その時々の表面的な事象に場当たり的な対応をするだけで、今の日本にとって最も重要な問題は何かという突き詰めた考え方ができない政治家なのだと私は思う。

「3人に1人は65歳以上」という現実

2040年にはAIが人間の脳を超え、我々の生活に計り知れない変化をもたらす「シンギュラリティ」が訪れるとされる。シンギュラリティとは未来学上の概念の一つで、日本語では「技術的特異点」と記される。2040年に現在50代の人は70代、40代の人は60代になっているわけだが、その頃には人間がやっている仕事の多くがAIやロボットに置

図表4 高齢者1人を現役世代1.5人で支える2040年の日本

高齢化の推移と将来推計

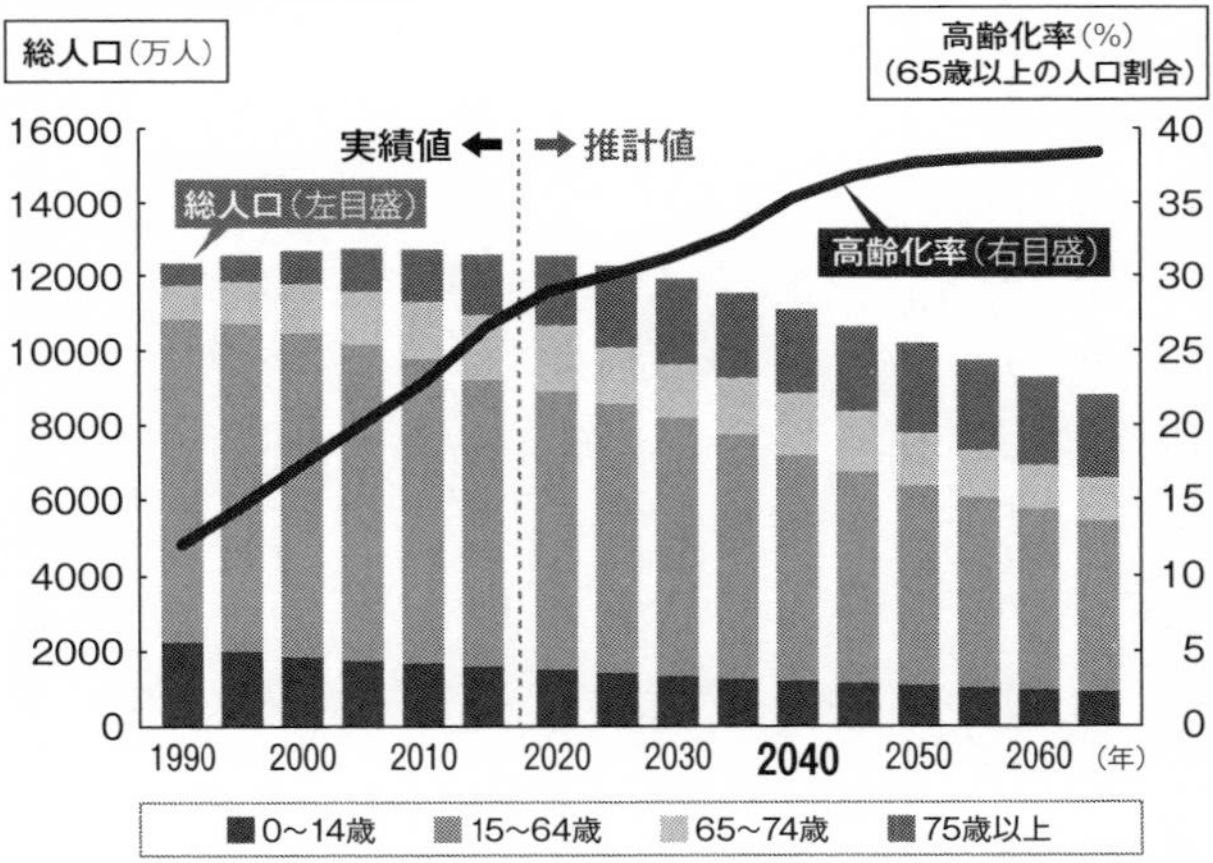

内閣府「高齢社会白書」を基に作成

き換えられてしまうということだ。

では、２０４０年の日本社会とは、いったいどのような姿をしているのか？

２０２０年版「高齢社会白書」によると、２０４０年の日本は総人口が１億１０９２万人。そのうち65歳以上の高齢者人口が約35％の３９２０万人を占めると推計されている（図表４）。つまり、日本人の３人に１人が高齢者になるのだ。一方、15～64歳の人口は５９７８万人なので、高齢者１人を現役世代１・５人で支えねばならない。かつて人類が経験したことのない「超高齢社会」に日本は世界で初めて突入することになる。
その時に働き盛りであるはずの40代・50代＝いま20代・30代の「ミレニアル世代」（１９８０年代から２０００年代初頭に生まれた世代）には、国を支える力がないと思う。なぜなら、彼らはバブル崩壊後の「失われた20年」に育った低成長デフレ時代の申し子だからである。

彼らに共通する特徴は、物欲や出世欲があまりなく、内向き・下向きで出不精なことである。一例は、地元のショッピングモール１か所で日々の暮らしを完結させる「イオニスト」や「ららぽーたー」と呼ばれる若者たちだ。彼らは自宅の半径20㎞圏内だけで行動し、社会人になっても中学・高校時代の友人や仲間が交友関係の中心で、その人たちにしか関心がない。

また、ジェイアール東日本企画の「Ｍｏｖｅ《ムーブ》実態調査２０１７」によると、20代の１か月あたりの移動回数は37・３回で70代の40・８回を下回り、20～70代の全年代中最低だった。20代は高齢世代よりも外出に消極的で、単純計算では１日あたり１・２回しか移動していないことになる。「家にいるのが好き」と回答した人の割合も20代が26・１％で最も高く、次が30代の25・1%だった。幼少期からインターネットと携帯端末があり、自宅で時間を過ごすことに慣れているからだと考えられるが、果たして、このように低欲望で内向き・下向きで出不精な価値観やライフスタイルのミレニアル世代が、20年後の日本経済を駆動していくことができるだろうか？　私は難しいと思う。なぜなら、彼らには「野心」や「パワー」が足りないからだ。

一方、現在の40代・50代は80年代のバブル景気を謳歌《おうか》したり、その余韻に浸っていたりした世代である。

すべてが右肩上がりで円高の恩恵もあり、海外旅行に出かけたり、舶来の高級ブランド品などを身に着けて楽しむ生活を満喫しながら、「行け行けどんどん」でやってきた人たちだ。若いころに消費への意欲が高く、外向的だった彼らが、今から20年後、60代・70代になった後でもその気になれば、下の世代がアグレッシブではないだけに、相当活躍できるのではないかと思うのである。

「もう○歳だから」は禁句に

しかも、予測通り2040年にシンギュラリティが訪れたら、いま20～50代がやっている仕事のかなりの部分はAIやロボットに置き換えられてしまい、人間でなければできない仕事はクリエイティブな分野や労働集約型の作業など非常に限られてくるだろう。

そこでシニアの出番となる。60代・70代の人たちには若い人たちにはないビジネスの経験と人的ネットワーク、若干の資金がある。それを活用することで、若い人たちよりも向いている仕事、能力を発揮できる分野が少なくないのだ。

今までシニア世代で起業に成功した人といえば、三菱電機とリコーに勤めて49歳2か月で独立し、半導体メーカーのメガチップスを創業して上場した進藤晶弘さんぐらいしか知られていなかった。しかし、最近はそういうスタイルの人がけっこう出てきている。

たとえば、1937年生まれの廣瀬光雄さんである。

廣瀬さんは大日本印刷アメリカ法人の社長、ジョンソン・エンド・ジョンソン日本法人代表取締役社長を務めて1999年、定年退職した。が、バブル崩壊後、日本のゴルフ場が次々につぶれていく惨状を見て「悠々自適・ゴルフ三昧」どころではないことを知ると一念発起した。学生時代からの友人であるジャック・ニクラウスの「ゴルフ場は束ねれば束ねるほど儲かる」というアドバイスを基に、パシフィックゴルフマネージメント（ＰＧＭ）を創業したのだ。そして倒産したゴルフ場を次々に買収し、２００５年、いきなり東証一部上場を果たしたのである。さらに医療情報ポータルサイトを運営するケアネット、企業コンサルティング会社マベリックジャパンの２社を創業、ケアネットも２００７年、東証マザーズに上場した。

日本人の多くは年齢についてメンタルブロック（何か行動を起こそうとする時に思い浮かぶ、「できるわけがない」「失敗する」「こうしなければならない」といった否定的な思い込みや固定観念）があり、中高年になると新しい仕事にチャレンジしない傾向が極めて強い。

しかし、「もう○歳だから」は禁句である。

いま40代・50代の人たちは、２０４０年に老後があると思ってはいけない。60代・70代になっても仕事をやりまくっている自分をイメージし、そういう方向にマインドセットしていかねばならない。もちろん、健康維持のために体も動かし続けて強化していく必要がある。つまり、考え方の基本的な枠組みを変えていくべきなのだ。

「答えがない時代」を生きる能力

さらに付け加えれば、21世紀は「答えがない時代」である。いま学校の教科書に書かれているような「すでに分かっている事実」についての問いは、パソコンやスマートフォンで検索すれば、「答え」などすぐに見つかる。もはや試験で暗記知識を問うことに意味はなくなり、シンギュラリティが訪れる２０４０年は、その領域が飛躍的に拡大しているだろう。

一方、「地球温暖化をどう止めるか」「少子高齢化が進む日本で経済的繁栄をどう維持するか」といった、「あらかじめ決まった答えがない問題」に対しては、答えをみんなで見つけていかねばならない。その時に必要な能力は三つある。

一つは、いくつかの答えの可能性を論理的にスッと抽出できる能力だ。同じようなことを言い換えるのではなく、全くコンセプトが異なる2〜3の仮説を当座の答えとして導き出せなければならない。これはＩＱ（知能指数）の世界である。

もう一つは、正しい答えにたどり着くために、みんなをその気にさせて議論を引っ張っていくリーダーシップだ。こちらはＥＱ（心の知能指数）の世界である。

ここで大事なことは、議論のプロセスの中で、地位や肩書に関係なくリーダーシップを振るえるかどうか、である。「なるほど一理あるな」と思ったら上下の別なく誰もが合意できるような「寛容性」をメンバーから引き出す能力――ＥＱに裏付けられたそうした能力こそが真のリーダーシップだ。

最後は、構想力だ。問題の全体像をパッとつかみ、見えていないものでも見えるようにする能力である。これはＩＱの上位概念となる。ＩＱは主に左脳を使うが、構想力は右脳を使うからだ。たとえば、まだ実体のない築地市場の跡地利用問題について正しい答えを出すためには、この力が不可欠である。

以上三つの能力を磨く練習は、60代・70代の世代が２０４０年の日本社会をリードする上で欠かすことができないものだ。

出世競争で負けても、人生の競争で勝つ

そうした未来社会の姿を考える時、いま40代・50代のサラリーマンは、死ぬ瞬間に「楽しくて充実した人生だった」と言えることを目標に、そこから逆算して残りの会社人生と定年退職後の人生を設計すべきだと思う。

現状、ほとんどの企業が定年退職年齢を60〜65歳としている。死ぬのが80〜85歳とすれば、定年退職後の人生は20年もある。しかも、これから年金の支給開始年齢が引き上げられたり、支給額が減らされるなど、社会保障がどんどん削られていくことは確実なので、いわゆる「老後2000万円問題」で露呈したように、多少の蓄えがあっても20年はもたないだろう（定年後に必要なお金については第2章で詳述）。

もし資産に余裕があって平穏無事な引退生活を送ることができたとしても、日がな1日ゴロ寝をしながらテレビを見ていたり、朝夕に犬と散歩をしたり、たまに旅行に出かけたりする程度だったら〝生ける屍〟のようなものであり、精神も肉体も文字通り老化して、死ぬ瞬間に「楽しくて充実した人生だった」とは言えないと思う。

したがって、定年退職後も〝引退モード〟に入るのではなく、「現役時代よりも加速する」というメンタリティを持ち、キャッシュを稼ぎながらやりたいことをやって人生を能動的に楽しまなければならない。

そのためには、会社に勤めている間に定年退職してから手がける仕事（できれば起業が望ましい。詳しくは第3章以降を参照）の「予行演習」をしておく必要がある。それを40歳で始めれば、3〜4年かけて実現できる新規事業などに60歳までの20年間で5〜6回チャレンジできる。50歳で始めたとしても、2〜3回は可能である。

具体的な方法としては、去年のスケジュール帳を見て3割サボることを考え、その時間を予行演習に使う。アメリカ企業の場合は、ホワイトカラー1人ずつにパフォーマンス・ターゲットがあり、それをクリアしなかったらクビになってしまうが、普通の日本企業は3割くらいサボってもクビにはならない。その恩恵を存分に享受すればよいのである。もし、そのチャレンジに全部失敗したら、定年退職後も稼ぐことは諦めておとなしく引退し、隠居したほうが賢明だろう。

サラリーマンは50歳までに出世していなかったら、もうその会社で出世する見込みはほとんどない。出世していたとしても、それはたまたま運の良い部門の仕事を担当したり、上司に目をかけられたりしたことによる「他人任せ」の人生だ。

しかし、前述したように、自分の人生は自分自身で操縦桿を握ってコントロールすべきであり、そのためには40代・50代で定年退職後に手がける仕事や起業の予行演習を重ねておかねばならない。その結果、60代・70代になって自力でキャッシュを稼ぐことができるようになれば、会社の出世競争で負けたとしても、人生の競争では勝てるのだ。

日本の社会保障制度は、「団塊の世代」のすべての人が75歳以上の後期高齢者になる2025年に医療と介護の社会的費用がピークを迎え、ほぼ確実に破綻の危機を迎えると言われている。となれば、いま40代・50代の人たちに限らず、すべてのサラリーマンが定年退職後も「稼ぐ」必要があると肝に銘じ、現役時代から入念な準備をしておかねばならない。

2040年の日本に「老後」は存在しないのだ。

第2章［思考改革］

人生を「国任せ」にするな

退職後〝魔の15年〟

政府は、公的年金の受給開始年齢を「75歳」に引き上げようとしている。

2014年に田村憲久厚生労働相が受給開始を選べる年齢の上限を現在の70歳から75歳程度まで引き上げることを検討すると発言し、2017年10月には内閣府の有識者検討会が受給開始選択年齢を70歳以降にできる仕組みづくりを求めた報告書をまとめた。

さらに政府は、それまで65歳まで働けるように企業に義務付けていた「高齢者雇用安定法」を改正し、2021年4月から70歳まで働けるように努力義務を課した。こうした施策は、最初のうちは「選択制」で各自が選べる、すなわち「任意」だという打ち出し方をするが、いずれ実態がそうなってきたからと法案化するというのが常套手段だ。だから、いま50歳以下の人たちは、年金の受給開始年齢が65歳から70歳、70歳から75歳に引き上げられると覚悟しておかねばならない。

高齢者がお金を持っていて悠々自適のリタイア生活を楽しめるというのは、定年退職年齢と年金受給開始年齢が一致していた時代の話である。今は60歳で定年退職してから年金を満額受給できる65歳までの期間は、継続雇用されるか再就職するかしないと無収入になるため〝魔の5年〟と呼ばれている。その間、仮に生活費が毎月15万円かかるとすれば、5年で900万円の貯金を食いつぶすことになる。

「年金75歳受給時代」が到来したら、60歳で定年退職した人たちには〝魔の15年〟が襲いかかる。65歳まで定年が延長されたり継続雇用されたりしたとしても、75歳までの10年間は無収入になってしまう。毎月の支出が15万円なら10年で1800万円、15年だと2700万円もの貯金が必要になるわけで、これは大半の人が乗り切れないと思う。

前述した「老後2000万円問題」は今後、多くの人々にとって現実の難題になってくるだろう。

年金生活者に襲いかかる〝増税の波〟

さらに、前回（2018年度）の税制改正（改悪）で、年収1000万円以上の公的年金受給者には増税の波が襲いかかった。公的年金等控除の減額（＝年金増税）が決まったのだ。

その内容は、まず国民年金や厚生年金などの公的年金等控除額を一律10万円引き下げる（ただし、基礎控除が一律10万円引き上げられるのでプラスマイナスゼロ）。その上で、公的年金等の収入金額が1000万円を超える場合の控除額に上限（195万5000円）を設け、公的年金以外の所得額が1000万円を超える場合はさらに控除額を引き下げる、というものだ。

私自身は今のところ年金以外の収入がそれなりにあるので、現在の雀の涙ほどの年金でも生活に不自由はないが、これまで多額の年金保険料や税金を納めてきたのに、政府の都合で一方的に控除額を減らされる、つまり増税されるのはやはり納得がいかない。

そもそも、厚生年金の保険料率は2004年の年金制度改正に基づいて、毎年引き上げられてきた。ようやく2017年9月の引き上げでストップし、今後は給料の18・3％で固定されるが、重い年金保険料を負担し続けることに変わりはない。しかも、国民年金保険料は年々引き上げられている。それに加えて、今度は控除額縮小による「年金増税」に手をつけるというのは、あまりに節操がなさすぎる。

こうした変更は万人に大きな影響を与えるが、政府は景気や株価のことばかり口にして、実際にサラリーマンの実収入や年金受給者の生活がどうなっているのか、ということは一切口にしない。麻生太郎財務相に至っては「5年前より今のほうが悪いという人は、よほど運がなかったか（企業なら）経営能力に難があるか、何かですよ。ほとんどの（経済統計の）数字は上がってますから」と〝上から目線〟で発言している（朝日新聞デジタル2018年4月17日付）。国民の生活実態とはかけ離れた感覚を持っている為政者が、なんと多いことか。

一方、今回の控除の減額は高収入の年金受給者が対象だから自分には関係ない、と思う人がいるかもしれないが、この調子でいけば、対象となる収入金額の基準が引き下げられていく可能性もあるだろう。

昔は金利が高かったから、そこそこ年金をもらえれば、預貯金や投資信託などの利息でそれなりに暮らしていけた。しかし、マイナス金利時代の今は、銀行の定期預金に100万円を10年間預けておいても利息は1万円ほどしかつかない。悠々自適どころか、預貯金を切り崩して生活せざるを得ない状況になっている。

「取りやすい国民」に増税する姑息

しかも、この時（2018年度）の税制改正で、「年収850万円以上」のサラリーマンは2020年1月から増税された。

なぜ「850万円」なのか？

政府は「年収850万円＝高所得」という認識のようだが、世界的に見れば今や年収850万円は決して高所得とは言えない。しかも、日本の場合、年収850万円でも税金や社会保険料などが差し引かれると、手取りは月に40万～50万円台になる。東京都区内で4人家族が住める広さの住居だと住宅ローンの返済か家賃に20万円前後かかるから、他に食費や光熱費、水道・下水道料金、通信費、教育費などを払ったら、ほとんど余裕はなくなるだろう。年収850万円は、決して裕福な生活ができるレベルではないのである。

新聞報道によれば、与党と官邸の意地の張り合いで800万円でも900万円でもなく、間を取って850万円になったという。しかし、そういう線引きは、「年収849万円」の人が得をして「850万円」の人が損をするわけで、理不尽極まりない。

また、今は年収850万円以上がターゲットになっているが、そもそもその基準に明確な根拠はないのだから、政府が将来もっと税収が欲しいとなれば、ボーダーラインは800万円、700万円と下がっていく可能性も大いにある。

〝増税の嵐〟は、まだある。国際観光旅客税（出国1回につき1000円）や森林環境税（年額1000円。2024年度から導入）が創設され、たばこ税も1本あたり3円増税された。その一方で法人税は、賃上げをしたり、IoT（モノのインターネット／身の回りのあらゆるモノがインターネットにつながる仕組み）やAI（人工知能）などに投資したりすると、最大20％程度まで減税が可能になった。

要するに、安倍政権で実施された税制改正は、中流以上のサラリーマンや喫煙者など、取りやすいところ（サイレント・マイノリティ）から取る姑息な増税であり、国民には重税感だけがのしかかるのだ。

その結果、どうなるか？　消費意欲が冷え込み、人々はますます財布のヒモをきつく締めて節約に励むだろう。モノは売れず、市場はシュリンクし、企業は海外に出ていくか国内で低迷して人件費を削減するだろう。増税は景気を悪くするだけであり、100％間違っている。〝上から目線〟のちまちましたマイクロ・マネジメントで、サラリーマンや富裕層に厳罰を科すような税制は、いい加減にやめないといけない。

「収入」ではなく「資産」に課税を

政府がやるべきは、まず国民の間に蔓延している「将来への不安」という心理的バリアを取り除くことである。そして、人生をエンジョイできるような仕組みを整えることである。そのためには税制を根本から変えなければならない。

もはや日本は人口が増えないので人口ボーナスもなくなり、高成長は望めない。長引くデフレの中で、昇進も昇給もなく、高齢化が進んで社会保障負担が増える一方だ。そういう国では、「流れているお金＝フロー（収入）」に対して課税するのではなく、「貯まっているお金＝ストック（資産）」に対して課税するほうが理にかなっている。

また、フロー課税の場合、今回のように「いくら以上の収入があれば高所得」という恣意的な線引きをしなければならない。だが、ある所得額以上は増税になり、それ以下は減税になるという税制は、納税者の間に必ず不公平を生む。収入が増えない日本のような国で税負担だけが重くなっていけば、あるいは重くなると心配する人が増えれば、早晩行き詰まるだろう。

だから、私が長年提唱しているように、所得税や法人税、相続税など既存の税金はすべて廃止し、預貯金や不動産などすべての資産に課税する「資産税」と、消費に応じて課税する「付加価値税」の二つにシフトすべきなのである。

とくに資産税導入のメリットは大きい。まず、自分の資産を正確に把握することができて人生が見通せるようになるので、ある程度の資産を持っている人は将来への不安がなくなる。

さらに、資産に課税されるとなれば、不要な資産は売り払い、そのお金でもっと人生を謳歌しようという気持ちになるはずだ。今は生前贈与ができるようになったが、それでも最終的に相続税がどれくらいかかるかよく分からないから、手元のお金も使うに使えないという状況になっている。しかし、相続税がなくなったら、資産を貯め込むよりもキャッシュフローを増やして元気なうちにやりたいことをやらないと損だ、という発想になるだろう。

また、政府主導の教育無償化は、単に税金を使って能力の低い学生を量産するだけで、何のプラスにもならない。それなら高校までの学費はクーポン制にして、国公立でも私立の学校でも海外留学でも、本人が希望する教育を自由に受けられるようにすべきである。そうすれば、学習意欲も高まるし、もっとましな子供が育つと思う。

一方、大学は社会に出てから役に立つスキル（＝稼ぐ力）を磨く場だから、原則として学生が自己負担で学ぶ。シングルマザーなどの収入が少ない家庭は税金で教育費を補助すればよい。

そういう大胆な変革をしない政府のマイクロ・マネジメントによる増税路線は、国民心理をますます冷却し、（お金を使おうという気を起こさせないので）景気を悪化させるだけである。国民の生活実態や将来の不安を微塵も分かっていない政府には、一刻も早く「NO」を突きつけないと、この国はずるずると没落していく一方だ。

「低欲望社会」のワナ

2012年末の第二次安倍政権発足以来、日銀は政府のアベノミクスに呼応する形で

「異次元の金融緩和」や「マイナス金利政策」を進めてきたが、景気はいっこうに良くならなかった。その一方で、個人と企業の金融資産は増え続けている。

日銀が発表している資金循環統計によると、家計が保有する金融資産は2020年9月末時点で1901兆円に達し、過去最高を記録した。内訳は、現金・預金が1034兆円、保険・年金などが530兆円、株式などが181兆円、投資信託が72兆円だ。民間企業の金融資産も1215兆円に増え、そのうち現金・預金は309兆円と過去最高になっている。実際、銀行や信用金庫などの預金残高は9月末時点でやはり過去最高の1598兆円に達している。

なんと、個人と企業を合わせて1300兆円以上ものお金が、マイナス金利政策で微々たる金利しかつかない銀行などに預けっぱなしで、いわば〝死に金〟となっているのだ。だから、異次元の金融緩和でもマイナス金利でも個人消費や企業の設備投資が増えず、景気が上向かないのである。

なぜ個人金融資産が増え続けているのか？

かねて私が指摘しているように、日本が世界でも類を見ない「低欲望社会」になっているからだ。

そもそもアベノミクスの経済財政政策は、金利とマネタリーベース（資金供給量）の二つを操作すれば景気をコントロールすることができるとする、アメリカ（源流はイギリス）から〝輸入〟したマクロ経済学の理論に依拠している。

だが、その理論がアメリカで通用する（金利やマネタリーベースに反応する）のは、アメリカ人が住宅や自動車などの〝見える化〟した欲望を持ち続けている「高欲望社会」だからである。金利を下げてマネタリーベースを増やせば、個人はローンを組み、欲しい住宅や自動車を購入するし、企業は設備投資などに動くという流れが今もある。現にアメリカでは住宅が圧倒的に不足し、賃貸住宅市場が活性化している。一方の日本では、空き家率が13・6％（全国平均／2018年10月）になっても利用する機運は希薄である。

日本人も「三種の神器」（白黒テレビ・洗濯機・冷蔵庫）や「新・三種の神器」（カラーテレビ・クーラー・自動車）、「庭付き一戸建て」などに対する欲望が〝見える化〟できた高度成長期から1980年代にかけての時代は、金利やマネタリーベースに反応していた。金利が5％を超えても住宅ローンを組んでいた。

しかしバブル崩壊後の１９９０年代以降、大半の日本人は昇給・昇進がなくなったり、大学卒の新入社員の平均初任給が20万円ほどで20年以上にわたって頭打ちになったりしたこともあって、「狭いながらも楽しい我が家」を手に入れた段階で欲望がピタッと止まって世界で唯一の「低欲望社会」になり、金利にもマネタリーベースにも反応しなくなったのである。「アベクロバズーカ」に全く効果が見られないのは、その根拠としているミクロ（個人の置かれた状況）が根本的に変化してしまっているからなのだ。

だが、人生を豊かにするためには、最初からお金を持っている人以外は、「借り」から入らなければならない。欲望を満たすためにお金を借り、それを返すために頑張って働く。そうしないと、経済は膨らまない。

今の日本で物価が上がらないのも、経済が日本人の「低欲望」を前提に再配列されてしまったからである。

そしてこの傾向は、外食や旅行が制限されることになった新型コロナ禍によって、さらに加速されたと見ていいだろう。

まずは「将来の不安」を取り除く

もともと個人金融資産の60％は60歳以上の高齢者が保有しているとされる。彼らは暮らしに余裕があっても「漠たる将来の不安」から、お金を使わずに貯め続けている。

この状況をさらに悪化させたのが、安倍政権が不用意に飛びついたアンドリュー・スコット氏とリンダ・グラットン氏の共著『ライフ・シフト　100年時代の人生戦略』（東洋経済新報社）だった。『ワーク・シフト』（プレジデント社）の著者でもあるグラットン氏は政府の「人生100年時代構想会議」の有識者議員にもなり、大臣たちを集めて自説を展開した。それは自由だが、唐突に「人生100年」と言われると「80年」までは用意ができていると思っていた多くの人々が、いきなり「あと20年何とかしろ」と言われたような感覚になり、ますます財布のヒモをきつく締めてしまう。景気にとっては、とてつもないマイナスのインパクトがあったと思うが、もはや覆水は盆に返らない。

その後、突如として襲来した新型コロナ禍によって、「将来の不安」はますます大きく膨らんでしまった。結果的に、人々はこれまで以上にお金を使わなくなっている。

この極めて特異な状況を変えるためには、人々の間にはびこっている不安を取り除かなければならない。そのために、まずは新型コロナの感染拡大を抑え込み、人々が安心して日常生活を送れる状態まで回復させる必要がある。逆に言えば、緊急事態宣言などで旅行や外食、レジャーを制限された状態から解放されれば、その反動で消費は自ずと回復していくだろう。

その上で、政府や産業界は、もともと社会に広がっていた不安を解消して次なる欲望を〝見える化〟しなければならない。マクロ経済を「ミクロ経済の集積体」と考えれば、個人個人の心理を「人生を楽しみ、豊かにするためにお金を使おう」という方向にまず動かすことで、初めて世の中にお金が回り、景気はひとりでに良くなるはずだ。

そのためには、まず「ミクロ経済の再分析」が必要となる。経済学はつまり「こうしたらどうなるかという仮説」だから、今の日本のミクロ経済の現象を詳細に観察し、それを分析して仮説を作り、その仮説を理論として実証していかねばならない。

もし金利を5％にしたらどうなるか

たとえば、100人に話を聞き、その人たちがお金を使う心理になるためにはどうすればよいか、ということを考えて仮説を作り、〝ミニ・マクロ経済理論〟を組み立てる。これが非常に重要なプロセスとなる。アメリカのマクロ経済学者の研究ではなく、日本のミクロ経済レベルで何が起きているのかという研究から始めなければならない。

仮説の一つとして、マイナス金利ではなく「金利を5％にすると、どうなるか」を考えてみよう。先に触れた個人の現金・預金1034兆円に金利が5％つけば、約52兆円である。それに対して税金が20・315％（国税15・315％、地方税5％）課税されるので、約10・6兆円の税収増となる。これは消費税5％分の税収に相当する。

さらに、現金・預金の60％を65歳以上の高齢者（2020年時点で約3617万人）が保有しているとすれば、高齢者1人あたり年間約69万円（税引き後）の利息が入ってくる計算になる。そうなれば、将来の漠たる不安を募らせて貯蓄に励んでいる高齢者たちも、お金を使って人生を楽しもうという気になるはずだ。

つまり、資産が貯まっているにもかかわらず「低欲望」な社会においては、従来のマクロ経済学の理論とは逆に、金利は高いほど景気が良くなるのだ。さらに、日本が金利を5％にすれば、その高金利を目当てに世界中から日本に資金が集まってくるだろう。

私はこれを結論として述べているのではない。あくまでも「仮説」である。金利が高くなれば倒産する企業や破産する個人がたくさん出ることも間違いない。しかし、モラトリアム法で救済した企業の業績は改善していないので、それが自由主義経済の自然な姿と割り切るのも、一つの考え方だ。また、異次元緩和で国債をフォアグラのように貯め込んでいる日銀は、急激な金利上昇を避けるべくあらゆる手段を講じるだろう。

しかし、そもそも経済学は時代、世代、年代、場所ごとに異なるミクロ経済の積み上げでしかないのだから、ミクロベースでマクロ政策を考えるべきなのだ。

明確なライフプランを定める

その一方で、これから個人はどうすべきなのか？

公的年金の受給開始年齢を70歳以降に引き上げようとする動きや2018年度の税制改

正などを踏まえると、いま50歳以下のサラリーマンは「国に見捨てられる」という危機感を持ち、「会社から給料をもらっている」うちに定年退職後の備えをしておかねばならない。

定年退職後も10年以上年金がもらえないという最悪の事態を想定し、「死ぬまで」自分で稼げるようにすることは、これから最も大切なスキルとなる。

そこで重要なのは、まず「自分はこういう人生を送りたい」という明確なライフプランを定めることだ。

日本人の多くは、学校で社会に出た後の「生き方」を教えてもらう機会がない。教師というのは学校の外で仕事をしたことがないのだから、教えられるはずもない。そのため、多くの人が「自分はこういう人生を送りたい」というライフプランを持っていないし、社会に出てからも上司など身近なところに「あの人のようになりたい」という事例が少なすぎる。

したがって、大半の日本人は「漠たる将来の不安」を感じ、老後にお金があっても人生を楽しむために使わず、さらに貯蓄に励むので、「死ぬ瞬間が一番金持ち」になっている人が少なくない。

どういう人生を送りたいのかというライフプランがなく、漠然とした（というか、いざという時のための悲観的な）ファイナンシャルプランがあるだけで、貯めたお金の使い方が分からないから、そうなってしまうのだ。

遅くとも50代に始める必要がある

現に、リタイアした高齢者たちがふだん何をしているかといえば、犬と散歩したり、ベランダでランを栽培したり、銭湯代わりに近所のフィットネスクラブに通ったり、といった程度である。出かける場合も旅行以外では、さほどお金のかからないゴルフ、登山、釣りなどが中心だ。内閣府の調査によると、高齢者の4人に1人は親しい友人もいない。

だから、このままではあの世に行くまでに貯金を使い切れないと分かった高齢者たちで、ミシュランの3つ星レストランや高級温泉旅館、豪華客船クルーズ、2泊3日〜5泊6日で1人100万円前後もするJR東日本の「TRAIN SUITE 四季島」やJR西日本の「トワイライトエクスプレス瑞風」、JR九州の「ななつ星in九州」などが賑わっているのだ。これを私は〝やけっぱち消費〟と呼んでいる（新型コロナ禍では、こうした旅行も自由にできなくなったが、潜在的な需要は消えていない）。

また、私は企業の本部長クラスを対象にした「大前経営塾」という講座の中で、受講者の人たちに拙著『50代からの選択』を読んでもらった上で「老後にやりたいことはいくつありますか？」と質問しているが、二つ以上答えられた人はほとんどいない。そこで私は「人生というのは老後にやりたいことが20くらいはないとダメですよ」とアドバイスしている。

つまり「屋内でやること」「屋外でやること」「1人でやること」「友人とやること」という四つに分けたマトリクスを作り、それぞれの領域でやりたいことが五つずつくらいないと、充実した老後の人生をエンジョイできないと思うのだ。

そして、それらの「やりたいこと」は現役時代に、遅くとも50代で始めなければならない。リタイアしてから始めようと思っても、体力が衰え、感性も鈍っているので、スポーツ系は危なくてしょうがないし、芸術系は上達しないからである。老後のライフプランについても、ファイナンシャルプランと同様に若いうちから立てておかねばならないのだ。

実際、私自身はこれまでにクラリネット演奏、音楽鑑賞、オートバイ、スキー、スノーモービル、水上スキー、スキューバダイビング、ゴルフ、テニスなど20以上の「やりたいこと」をやり、その大半を喜寿を過ぎた現在も楽しんでいる。

欧米先進国の人たちは若い頃からライフプランを作り、それにファイナンシャルプランを一致させているので、老後をどのように過ごすかということも明確に計画している。たとえば、アメリカ人は暖かい南の地域に別荘を買って自分たちが使わない時は貸し出し、リタイアしたらそこに移住する。ヨーロッパ人は毎年、長期間のバケーションに出かけて人生を謳歌し、老後はそれをさらに加速させる。

欧米人にできて、日本人にできない理由はないはずだ。

お金は使うためにある

現役時代からやりたいことを全部やる――それがお金の有効活用というものであり、老後の人生にも生きてくるのだ。お金は貯めるためではなく、使うためにある。人間は働くためではなく、人生をエンジョイするために生まれてくるのである。

ところが日本人は、政府が戦後復興のために国策として貯蓄を奨励したため、今でも「貯蓄は美徳」だと思っている。だから「死ぬ瞬間が一番金持ち」になってしまうのだ。しかし、子孫に美田を残しても、親族の間で醜い相続争いが起きたり、バカ息子やバカ娘が無駄遣いをするだけだろう。

また、欧米にはボランティア文化が根付いているので、多少なりともお金に余裕のある人は、恵まれない人たちや途上国などに対する寄付で世界に貢献することが当たり前になっている。教会に寄付して若者のボランティア活動を支援したり、「国境なき医師団」「国連WFP（世界食糧計画）」「ユニセフ（国連児童基金）」「WWF（世界自然保護基金）」などに寄付したりしている。

たとえば、私のマッキンゼー時代の友人はアフリカに学校を作り、毎年、夫婦で現地を訪れている。それが彼らにとって老後の生きがいであり、楽しみになっているのだ。

私も、アジアの二つの小学校に新校舎をNPOを通じて寄付した。2015年のネパール大地震で倒壊した小学校と、ラオスの貧弱な掘っ立て小屋だった小学校だ。いずれ現地に行って、子供たちに会ってみたいと思っている。

しかし、残念ながら日本人は、そうしたボランティア活動に多額の寄付をする人は極めて少ないと思う。なにしろ地方自治体に対する寄付（ふるさと納税）でさえ、返礼品の魅力によって選択しているほどだから、推して知るべし、である。

その一方で、近年、日本でも「マクアケ」「READYFOR《レディーフォー》」「CAMPFIRE《キャンプファイヤー》」などのようなクラウドファンディングが拡大している。「購入型」や「融資型」など様々な種類があるクラウドファンディングにも、「寄付型」がある。私の周囲では、まだそうした仕組みを使うよりも自分で直接寄付をする人が多いようだが、法律の制約を受けずに利用できるクラウドファンディングもあり、これも選択肢の一つとして有効だろう。

死んだ時にお金を余らせない

話を戻そう。そもそもライフプランがないと、今後の人生でどれだけお金が必要で、その資産をいかに形成・運用するかというファイナンシャルプランを立てることができない。逆に言えば、ライフプランがあって初めてファイナンシャルプランを立てられる。そうして誰もが自分のファイナンシャルプランを持てば、それぞれの欲望をかなえるために金利やマネタリーベースに反応するようにもなる。

日本人がやるべきは、まずライフプランを定めた上で自分のバランスシートを作り、ネット・プレゼント・バリュー（正味現在価値）を正確に把握することだ。

所有している住宅の残存資産価値はどれくらいあるのか？

加入している保険や年金の価値はいくらなのか？

そういったことを計算してきちんとしたファイナンシャルプランを組み立て、それに自分が望むライフプランをマッチングさせてバランスシートを最適化していくのだ。これはアメリカ人やドイツ人なら誰でも30代からやっていることである。

この作業をやってみると、実は、かなりの日本人は死んだ時にお金が余るということが分かる。お金が余ると分かった人たちは、そのお金を生きているうちに、人生をエンジョイするために使おう、と考えるはずだ。つまり、ライフプランとファイナンシャルプランを一致させれば、「漠たる将来の不安」と「保有資産」のギャップを埋めて、消費行動につなげることができるわけだ。シニア世代の「低欲望」の原因は日本人の染色体にあるのではなく、将来が見通せないために、安全圏で生活したいと願う本能の部分が大きい、と考えるべきだ。若い世代の「低欲望」は、そういう大人を見て育っているので、〝遺伝〟と見ることもできる。

さらに、人生について家族でディスカッションすることも大切だ。

日本の場合、コツコツと勤勉に働くという人生しか、学校では教わっていない。しかし、欧米先進国のライフスタイルは、たとえば夏のバケーションをイタリアは2か月、ドイツは1か月、アメリカでも2週間ほどまとめて取り、家族そろって優雅な休日を楽しんでいる。

この彼我の差について家庭で議論し、どうすれば自分たちの人生が、もっと豊かで楽しいものになるかということを考えるべきなのだ。

最近は日本でも、ようやく地域ごとに小学校・中学校・高校の夏休みなどの一部を別の時期にずらして大型連休とする「キッズウイーク」の導入が検討されている。これは盆暮れやゴールデンウイーク、シルバーウイークなどに集中している休みを平準化できるので、国民にとっても観光業にとっても非常に良いことだと思う。ただしそれは、政治家が選挙対策で乱発してきた国民の休日を削る政策と連動することが前提条件だ。

「月15万円」を目標に稼ぐ

そしてファイナンシャルプランを組み立てる時に肝に銘じるべきは、「自営」が「自衛」につながる、ということだ。サラリーマンは、できれば30歳、遅くとも40歳を過ぎたら、自分で「稼ぐ力」＝「キャッシュを作り出す力」を磨くべきである。

なぜ、会社から給料をもらっているうちに定年後の備えをすべきなのか？

会社に勤めている間というのは〝天国〟だからである。第1章でも述べたように、普通の日本企業の場合、新しいことをやって失敗しても、出世が遅くなったり降格されたりはするかもしれないが、クビにはならない。

ならば、いろいろなことに積極的にチャレンジして、「会社のため」ではなく「自分自身のため」に、定年後の売り物になるスキルと経験を（なるべく会社の舞台を活かしながら）磨けばよいのである。

詳しくは第3章以降で述べるが、これからとくに有望なのは、サイバーマーケティングなどの分野である。今、サイバー空間には人手をかけずにビジネスを実現できる全く新しいツールが次々と生まれている。会社に勤めている間にそうしたソフトの使い方に熟達して実績を作っておけば、それに対するニーズは日本中にゴマンとある。

自分のために稼ぎ出す目標金額は、とりあえず「月15万円」に設定すればよいと思う。持ち家で住宅ローンの返済が終わっていれば、月15万円あったらそれなりに生活していけるだろうし、そのくらいの金額なら稼ぐこともさほど難しくないと思われるからだ。

50代になったら月々15万円ぐらいのキャッシュを稼げるビジネスにトライし、それを定年後に拡充していけば、老後の不安を一気に解消することができる。

そこで重要なのは、1回や2回失敗しても「めげない」ことだ。成功するまでやり続ける――それがビジネスの要諦であり、たとえば45～50歳で起業すれば、定年までの15～20年の間に三つか四つのビジネスにトライできるから、だんだん勘所が分かって成功確率が高まっていくはずだ。

もし、勤めている会社が副業を禁止していたら、表向きは配偶者や子供に先行してやってもらい、定年退職してから自分で本格的に取り組めばよい。「自営」は、自分の人生を国の政策に任せるのではなく、自分自身で守って、より良く、より豊かなものにする最大の武器となるのだ。

第3章［実践編1］

会社を実験台にして「稼ぐ力」を身につける

ほとんどの副業や兼業はOKに

第2章でも述べた通り、会社に勤めている間は、新しいことにチャレンジすべきである。サラリーマンでいる間にいろいろなことを会社に提案し、率先してやってみるのだ。定年退職後、あるいは早期退職を選択した後も、自分の「値札」と「名札」として使えるようなスキルを磨き、経験を積んでおくのである。

近年、そうしたチャレンジを後押しするような環境が整いつつある。

日本はこれまで、「モデル就業規則」を定め、そこに「許可なく他の会社等の業務に従事しないこと」という遵守《じゅんしゅ》事項を設けて、サラリーマンの副業や兼業を原則禁止としてきた。

ところが、安倍政権時の「働き方改革」の一環として、一転して副業や兼業を容認する方向に舵を切った。「モデル就業規則」に、「労働者は、勤務時間外において、他の会社等の業務に従事することができる」という条項を新たに設けたのである。

条項の細則を見ると、副業や兼業が認められないのは次の場合のみだ。

①労務提供上の支障がある場合
②企業秘密が漏洩する場合
③会社の名誉や信用を損なう行為や、信頼関係を破壊する行為がある場合
④競業により、企業の利益を害する場合

ほとんどの副業や兼業がOKになったと考えてよいだろう。

多様な働き方を認めることで、人材不足を補うとともに、能力開発・人材開発につなげて経済の活性化を促すのが国の狙いだというが、果たしてうまくいくだろうか？　これはあくまで官僚の浅知恵であって、やる人はすでに副業・兼業を始めている。国家公務員に関しても、ＮＰＯ法人（特定非営利活動法人）やＮＧＯ（非政府組織）などの「公益的活動」を目的とした兼業に限り認める方針だというから、いよいよ副業・兼業時代に突入したということだろう。

「特殊な技能」で高報酬を目指す

だが、単にこうした官製ムーブメントに乗って、普通のサラリーマンがいきなり副業や兼業を始めても、コンビニや飲食店の店員、ビルの守衛や清掃員、高速道路の料金徴収員など、「時給いくら」のアルバイトをするのがせいぜいだろう。その場合、自分自身の労働環境を悪化させるだけである。

本来、副業・兼業は、「特殊な技能」を売って、高い報酬を得るようなものでなければならない。

たとえば、イタリアの男性は仕事を二つ持っている人が多い。二つ目の仕事（副業・兼業）は英語で「ムーンライト」と呼ばれる。つまり夕食後に月の光を浴びながら、二つ目の職場に出勤して深夜まで働くのである。ちなみに「月光」を意味する「ムーンライト」には、「（夜間の）副業をする」「夜のアルバイト」という意味がある。

ただし彼らの大半は、昼と夜とで別の仕事に従事するのではなく、同じ仕事をしている。たとえばファッションデザイナーだったら、夜は同業他社の仕事を手伝ったり、東欧諸国など海外の会社の仕事をフリーで請け負ったり、といった具合である。なかには週末にアドリア海を渡ってトルコへ飛び、2～3日働いて帰ってくるというケースもある。当然それは、単なる労働力として駆り出されるのではなく、国境を越えてでも必要とされる「特殊な技能」を持っているから成り立っているのだ。となれば、それに見合うだけの報酬も約束されているだろう。

イタリア人の彼らが副業・兼業をする理由は、大きく二つある。一つは、「ムーンライト」の所得は税務署に捕捉されにくいということだ。もう一つは、「ムーンライト」で稼いだお金を夏休みなどの長期間のファミリーバケーションに使って、人生を謳歌するためである。

いま求められているスキルとは

実は日本でも一時、週末に海外で副業・兼業をやっていたサラリーマンがいた。かつて九州が「シリコンアイランド」と呼ばれていた頃、九州各地の工場で仕事をしていた日本企業の半導体エンジニアたちである。

彼らは毎週金曜日の夜になると、韓国にフライトした。サムスン電子やLGエレクトロニクスなどに自分の技術を教え、日曜の夜に帰国するのである。こうした民間の〝有志〟による技術移転の結果、日本は韓国に半導体のシェアを奪われてしまったのである。

だが、今や日本企業で海外から高く買ってもらえそうな技術を持った人材は激減している。AIやIoT（モノのインターネット）などの世界で、日本の技術の優位性はない。彼我の差が逆転してしまっているのだ。

では、いま日本企業で求められている「特殊な技能」とは何か？

代表的なものは、コンピューターのプログラミング技術だろう。今までにないサービスや価値を生み出すことができれば、それだけで大金を稼げる。

プログラミング技術がないならば、その次に求められるのが、そのソフトを操るスキルである。無論、誰もが使っているワードやエクセル、パワーポイントの話をしているのではない。有望なのは第2章で少し触れた「サイバーマーケティング」に関わるスキルだ。

そもそも地方の企業では、マーケティングそのものが機能していない。昔ながらのドブ板営業や訪問セールスを続けている会社が多い。かといってマーケティング会社に大金を払う余裕もない。自社でマーケティングをやろうと思っても、人手をかけた人海戦術しかなかった。これまた膨大な人員とコストがかかってしまう。

そうした時に役立つのが「マーケティング・オートメーション」だ。ＩＴによってマーケティング業務を効率化する手法である。

たとえば、マーケティング・オートメーションのパッケージソフトの一つである「マルケト（Ｍａｒｋｅｔｏ）」。これはサイバー空間にいる多種多様な人々に対し、Ｗｅｂサイトの仕掛けで自社が提供している商品やサービスに興味を持ってもらい、サイトに来てくれた人に対してメールなどで営業活動を行ない、購入や利用につなげるＩＴツールだ。

なぜこのツールを使えることが有望なのか。全世界数十億人が住んでいるサイバー社会の中で、自社の顧客を効率的に獲得する方法は、どんな会社でも欲しているからである。

定年退職後も「引く手あまた」

「マルケト」を使えば、顧客のＷｅｂサイト訪問履歴などをＩＴで管理し、そのアクションに対して的確な営業メールを自動で送ることもできる。また、キャンペーンプログラムを効果的に測定できるので、今後、ターゲットをさらに絞った新規キャンペーンを打つことも可能だ。蓄積されたデータは営業部門とも共有し、それを説明会や電話での営業活動に結びつけることもできる。

従来、物を売って利益を得るためには、渋谷や新宿などの人が多く集まる場所に店を開き、集客する必要があった。しかし、それには多額のコストがかかるし、思ったように商品が捌《さば》けなければ、初期投資が大きい分、大きな損失が出てしまう。新型コロナ禍の中では、移動や人との接触も制限されるので、なおさらリアルな店舗でのビジネスが難しい。

しかし、サイバー空間で客を集め、その人たちに商品を売ることができれば、実際に店を開くよりも、格段に安いコストと低いリスクでビジネスを展開することができる。また、都市部に本社を構える必要もなく、ＩＴ環境さえあれば田舎でも不可能ではない。

では、ネット販売を行なえばそれでよいのか、といえば決してそうではない。闇雲に販売したところで、売れる保証はない。だからこそのサイバーマーケティングなのである。

マーケティング・オートメーションのパッケージの導入は、いま勤務している会社にとっても決してマイナスにはならない。すでに導入済みなら、なおさら手を挙げてその部門の専任になってしまえばよいのである。

このソフトを使いこなして成果を出すことができれば、退職後も引く手あまたになるだろう。なぜなら日本企業、とくにＩＴ化が遅れている中小企業には、そういうソフトを活用しているところが極めて少ないからである。ましてやその人材となると皆無に等しい。マーケティング・オートメーションに限らず、いま企業が他人の力を借りてでも（言い方を換えれば、大金を支払ってでも）やりたいのは、サイバー社会における新事業の構築である。したがって、副業・兼業の第一歩はサイバー社会での試行錯誤から始めなければならない。

すぐに副業にならなくてもよい。いま勤めている会社で給料をもらいながら、サイバー社会の分野にチャレンジさせてもらえばよいのである。目指すは「サイバー部長」。成功するコツは、「イントラプレナー（社内起業家）」の志を持つことだ。一つの目安として、今の自分が会社から払ってもらっている給与に匹敵する額の〝2倍〟を稼ぐ力を目標値にして、その能力を磨いていってはどうだろうか。

新型コロナ禍での成長分野は「DX」

新型コロナ禍の世の中においても、成長が期待できるのはデジタルトランスフォーメーション（DX）の分野だ。DXとは、デジタル技術で人々の生活をより良い方向に変化させたり、既存のビジネス構造を破壊したりして新たな価値を生み出すイノベーションのことだが、この分野で生産性の向上を支援する事業を展開している企業は順調に伸びている。好例は、レブコム、コンカー、レッドフォックスなどである。

レブコムの「ミーテル（MiiTel）」は、AIが電話営業の会話内容を自動録音・自動文字起こし・自動解析して評価し、顧客と話している時間の長さや割合、声の抑揚といったトークの改善点をコーチングする。

コンカーは「コンカー・エクスペンス（Concur Expence）」や「コンカー・トラベル（Concur Travel）」など世界最大の出張・経費精算・請求書管理のクラウドサービスを提供している。

レッドフォックスは営業やメンテナンス、輸送などの現場作業をスマートフォンで革新する法人向けクラウドサービス「サイゼン（ｃｙｚｅｎ）」を開発・運営している。

これからは、こうした企業で活躍できるスキルを持った人材にならないと、ウィズコロナ／アフターコロナの時代に職を失いかねないのだ。

しかも、ＤＸが進展すると、間接業務のホワイトカラーはもとより、ありとあらゆる分野で人が要らなくなる。たとえば会計士や税理士も、「フリー（ｆｒｅｅｅ）」や「マネーフォワード」などのクラウド会計ソフトを利用すれば簡単に決算書の作成や確定申告が自動化できるので、仕事がなくなっていく。このようなデジタルディスラプション（デジタルテクノロジーによる破壊的イノベーション）に、従来の日本の19世紀型職業訓練では全く対応できない。

逆に言うと、ＤＸに対応できるようになれば、自分も組織も一緒に成長していくことができるだろう。

会社にいる間にスキルを磨く

実際、日本の企業の多くは、最もＩＴ化しやすい経理部門においても、未だに経理部の社員が昔ながらのシステムで数字を打ち込み、〝「人力」依存〟で売掛債権の回収や買掛債務の支払いをやっているケースがほとんどだ。

テレビCMでは、「勘定奉行にお任せあれ」と20年以上前から発売されている経理ソフト「勘定奉行」をしつこいくらいに宣伝しているが、それは裏を返せば、あれほど便利なものであっても導入している企業がそれほど多くないということだ。「大蔵大臣」「弥生会計シリーズ」「MFクラウド」「フリー」……優れたツールは数あれど、使わなければ宝の持ち腐れである。

そうした日本企業の実態を考慮すれば、会計ソフトやマーケティング・オートメーションのソフトを使いこなせるというだけで、企業垂涎《すいぜん》の人材になることがお分かりだろう。また、マーケティング・オートメーションのソフトを導入したとしても、社内の既存の営業部隊やセールス部隊と競合する必要がない。しかも、売り上げが立った時はクレジットカードと宅配便で商いが完結してしまうので、人手もコストもかからない。

定年後、こうしたスキルを自分のPRポイントとして再就職すれば、月15万円どころか、月100万円以上の収入を得ることができるかもしれない。しかも、こうしたスキルの習得には、会社員なら自腹を切る必要がない。1円もかけずにスキルが学べるのだから、自分がサラリーマンでいることに感謝すべきだろう。

ゆえに私に言わせれば、会社勤めの間というのは、〝天国〟なのである。

クラウドで圧縮できる人件費

マーケティング分野だけでなく、今や会社の間接業務は、ほとんどすべてクラウドコンピューティングやクラウドソーシングのツールを活用することによって、タダ同然で効率化できる。

たとえば、弁護士／法律ポータルサイトの「弁護士ドットコム」、会計ソフトの「マネーフォワード」や「フリー」、顧客管理や営業支援の「セールスフォース」など、法務、給与計算、営業、購買といったさまざまな分野で、非常に安く使えるフリーミアム（Ｆｒｅｅｍｉｕｍ）のツールが相次いで登場しているのだ。フリーミアムとは、フリー（無料）ビジネスの一つで、基本的なサービスや製品は無料で提供され、顧客がさらに高度な機能や特別な機能を利用する際には課金されるビジネスモデルのことである。

実際、こうしたツールを用いて驚くほどのローコストで運営している会社がある。

２０１３年創業の「スキャンマン」というベンチャー企業だ。

主な事業はその名の通りスキャン代行。すなわち、同社の社員が顧客の自宅やオフィスまで出向き、名刺や領収書、契約書などをスキャンしてデジタルデータ化する派遣型スキャン代行サービスである。

この企業の特徴は、その他の定型業務を、クラウドコンピューティングやクラウドソーシングのツールに肩代わりさせてしまったところにある。

具体的に見てみよう。

○電話対応＝ＩＰ電話アプリ「０５０ｐｌｕｓ」
○メール対応＝「Ｇメール」
○タスク管理・シフト調整＝スマホアプリ「トレロ（Ｔｒｅｌｌｏ）」
○社員同士の連絡＝スマホアプリ「ＬＩＮＥ」
○決済＝スマホ・タブレット決済対応端末「スクエア」、債権管理代行「ＮＰ後払い」

○請求書作成＝クラウド請求書作成サービス「ミソカ（Ｍｉｓｏｃａ）」
○出張旅費・経費精算＝経費管理クラウドシステム「コンカー」
○経理入力＝バーチャル経理アシスタント「メリービズ（ＭｅｒｒｙＢｉｚ）」
○業務報告書・日報管理＝ブラウザ内の共同作業ソフト「Ｇｏｏｇｌｅドキュメント」
○契約書のリーガルチェック＝弁護士ドットコム「クラウドサイン」
○社員教育＝クラウド型マニュアル作成ツール「ティーチミービズ（ＴｅａｃｈｍｅＢｉｚ）」

これらはクラウドで運用するためコストが安く、かつ社員がパソコンやスマホから自由にアクセスできるので「いつでも、どこでも、誰でも」使えて、バックアップもクラウド上に確保できる。これらを駆使した同社のトータルコストは、月額わずか数十万円だという。さらに、顧客のもとに派遣する営業マン50人分の間接業務を、たった1人のスタッフでバックアップしている。大幅な人件費の圧縮にも成功しているのだ。

証券会社からトレーダーが消えた

スキャンマンは、今の日本ではある種の革命児的な存在だ。なぜなら、同社が採用しているようなクラウドサービスを全面的に活用すれば、定型的な間接業務の生産性を飛躍的に高めることができるからだ。

このケースは小さい企業だからできたのではないか、と疑問に思う人もいるだろう。だが、そうではない。

たとえば、アメリカの証券会社ゴールドマン・サックス。2000年頃は500人のトレーダーを擁して〝世界最強のトレーディングルーム〟をニューヨークに構えていた。だが、2018年の時点でニューヨークのトレーディングルームにいるトレーダーの数は、たった3人だという(『ブルームバーグ』2018年5月1日付)。

現在の株式取引は、コンピューターによる超高速の売り買いになっていて、スプリットセカンド――1秒の何分の1というほんの一瞬の間に取引を終えてしまうものになってしまったのだ。もはや人力では間に合わない領域に突入している。

ゴールドマン・サックスは依然として世界最強のトレーディングを誇るが、それは「株式売買自動化プログラム」によるところが大きい。そしてこのプログラムを支えているのは、大勢のトレーダーではなく、200人のコンピューター・エンジニアなのだ。いわば、500人のトレーダーは、その3分の1のコンピューター・エンジニアに取って代わられたのである。ゴールドマン・サックス全体を見ても、全社員の3分の1にあたる9000人がコンピューター・エンジニアである。

彼らはIT技術を駆使して、取引の高速化を図っただけでなく、人件費も削減してしまった。最新技術によって人員をカットし、業務を効率化することこそ、世界の潮流なのである。

サイバー空間は習うより慣れろ

クラウドコンピューティングやクラウドソーシングと言われても、ITにそれほど詳しくない向きは、思わず頭を抱えてしまうかもしれない。

事実、現代のデジタル社会では、「デジタルデバイド」(情報格差)がますます広がっており、ＩＴ技術を使いこなせる人は〝向こう岸〟に渡れるが、使いこなせない人は〝こちら岸〟に取り残されてしまっている。デジタルデバイドは、すでに貧富や機会、社会的地位などの格差を急速に広げつつある。

日本の会社の多くはまだ、〝こちら岸〟にいる。自分と同じ世代を見渡しても、ほとんどが〝こちら岸〟だろう。であるならば、なおさらチャンスである。意を決して、自分から〝向こう岸〟に渡ってしまえばいいのである。

たとえば、前述したマーケティング・オートメーションなどの導入を会社に提案すれば、必然的に自分が〝向こう岸〟に渡らなければならなくなる。自分で自分を追い込んで、勉強せざるを得なくしてしまうのだ。

私自身も世代的には〝こちら岸〟の人間だ。理系出身だが、必ずしもＩＴに詳しかったわけではない。半ば強制的に〝向こう岸〟に渡り、必死に勉強してみると、新たなセグメントも見えてきた。このことで得た結論は、〝こちら岸〟で経験して蓄積された知識や思考は〝向こう岸〟でも十分に役に立つ、ということである。

自分より若い人間がいくらＩＴ技術に強かったとしても、彼らには蓄積された経験がない。〝向こう岸〟に渡ったことで、その経験が強みになったのだ。

渡ってみれば分かるが、〝こちら岸〟と〝向こう岸〟を隔てている溝は、深くも広くもない。では、なぜデジタルデバイドが広がっているのかと言えば、シニア世代が今までの経験に胡座《あぐら》をかき、新しいことに挑まないからだ。経験を持ったシニア世代こそ、積極的にサイバー空間を目指すべきなのである。

とどのつまり、サイバー空間は〝慣れ〟でしかない。

たとえば、今の高校生に「○時○分に○○駅北口に集合」と言えば、さっとスマホを取り出し、「ナビタイム」や「ジョルダン乗換案内」などのアプリで、すぐに行き方を調べるだろう。電車なら運賃がいくらかかって何分後に到着するのか、徒歩の場合、タクシーの場合、と瞬時に分かってしまう。彼らは地図や時刻表は読めないかもしれないが、スマホによって正確な情報を難なくゲットすることができる。

〝こちら岸〟にいる人間からすれば、その操作自体が面倒だと思うかもしれないが、生まれ落ちた瞬間からデジタルに囲まれて育った彼らにとっては、それが当たり前なのだ。

要らなくなった物を「メルカリ」で売る。「LINE」でいろいろな人とつながる。こうしたことが疑いもなく享受され、何かしたいとなったら、彼らはまず「グーグル」や「ヤフー」で検索したり、スマホのアプリを探したりするのだ。そして、ほぼすべての欲しい物や情報を、サイバー空間で手に入れる。彼らは生まれながらにしてサイバー空間の住人なのだ。

シニア世代は、これからもお金を稼ぎ出そうと思うならば、遅かれ早かれ、サイバーの世界に飛び込むしか手がないのである。最初は、出張旅費の精算にソフトを導入する、といった程度でかまわない。自分の会社を「サイバー化する」という気概で、何か一つでもよいから取り組んでみるのだ。

あなたがリーダーとして、「自社サイバー化」の旗振りをしたとしよう。プロジェクトが軌道に乗った暁には、あなたはすでに〝向こう岸〟の優秀な人間になっているはずだ。

レジのいらない小売店

パソコンすら必要ない社会も、すでに到来している。

たとえば、アメリカの「スクエア」。この企業を興したのは、ジャック・ドーシーという、まだ40代の人物だ。エヴァン・ウィリアムズらとともに「ツイッター（Ｔｗｉｔｔｅｒ）」を創業した男、と言ったほうが通りがよいだろう。

スクエアは「Ｓｑｕａｒｅリーダー」という商品を開発したのだが、これはスマホやタブレットのイヤホン端子に専用のデバイスを差し込んで「Ｓｑｕａｒｅ ＰＯＳレジ」という専用のアプリをダウンロードすれば、モバイル端末がたちどころにクレジットカードの決済端末（ＣＡＴ）になる、というものだ。レシートの発行（メールやＳＭＳによる送信、紙レシートの印刷）もできる。このＳｑｕａｒｅリーダーというクレジットカードの読み取り端末は、日本のコンビニでも販売されている。

これまでは家族経営をしているような小さな店でも高価なＰＯＳレジを導入するのが当たり前だったが、Ｓｑｕａｒｅリーダーを利用すればＰＯＳレジが必要なくなるのだ。

さらに、このシステムは商品の発注や在庫管理、売掛金の回収、買掛金の支払い、日次や週次、月次の売り上げ集計まですべてフォローしてくれる。スクエアがクラウド上でそうした膨大なデータを管理しているから、それが可能なのだ。今はそうしたモバイル決済サービスがいろいろあるが、スクエアはその先駆け的な存在である。

店の立場から見ると、スモールスタートが可能になるので新規参入がしやすい。ビジネスマンの立場から見れば、このシステムに精通すると「スマホ1個あれば、お店が開けます！」とコンサルタント的なこともできる。スマホ決済のコンシェルジュ的な存在となり、地方の中小企業や商店街に導入を勧めるのだ。商慣習の変革に一枚嚙んでしまうのである。勧めている会社が多くの小売店を抱えているなら、POSレジをSquareリーダーに変更し、今まで在庫管理などに割いていた人材を営業に回すのはどうか、という提案もできる。

中国からのインバウンド（訪日外国人旅行）が多い九州では、「アリペイ（Alipay＝支付宝）」や「ウィーチャットペイ（WeChat Pay＝微信支付）」が使っているQRコード読み取り方式のほうが需要が大きいだろう。すでにメタップス、LINE、楽天、アマゾン、NTTドコモ、ソフトバンク・ヤフー、メルカリなどがその事業を始めている。

新興国で爆発的に広がるデジタル技術

こうしたデジタル革命の波は、日本や欧米だけに押し寄せているのではない。むしろ、デジタル技術は新興国のほうが爆発的に広まっている。有線電話とスマホを比べれば分かるように、前者は膨大なインフラ整備を必要とするが、後者は基地局を増やせばネットワークが拡大する。だから、電話回線や光ファイバーなどの有線インフラが整う前にスマホが普及したアフリカやインド、中国などは、モバイル通信が中心の社会になっているのだ。中国の都市部のスマホ所有率はほぼ１００％である。

たとえば、先述した「アリペイ」は、中国のｅコマース最大手アリババ傘下の金融会社アント・フィナンシャルが手がけるＱＲコードを使ったモバイル決済サービスだ。中国では屋台でもアリペイですぐに支払いができてしまう。ホテル代はもちろんのこと、病院の診察費も、お年玉や慶弔金の送付もＱＲコード決済で可能だ。結果、中国では日常生活で現金を目にすることがほとんどなくなっている。日本でも２０１７年１月から、ローソンでのサービスが始まった。

一方、「ウィーチャットペイ」は中国のＳＮＳとオンラインゲーム最大手テンセントによる同様のＱＲコード決済サービスで、この二つを合わせた２０１６年の取引額は２・９

兆ドル（約320兆円）に上る。「アリペイ」は2012年／700億ドル（約7・7兆円）→2016年／1・7兆ドル（約188・7兆円）、「ウィーチャットペイ」は2012年／116億ドル（約1・3兆円）→2016年／1・2兆ドル（約133・2兆円）、とわずか4年間でとてつもない伸びを見せているのだ（Better Than Cash Alliance調べ）。

いま中国では、アリババが2009年から11月11日を（1が寂しく四つ並んでいるので）「独身の日」と呼び、独身者向けのセールを始めたことをきっかけに、各インターネット通販サイトで大がかりなセール合戦を繰り広げている。セールの仕掛け人のアリババは、Tモール（天猫）、タオバオ（淘宝）など傘下のインターネット通販サイトの売上高を毎年更新し、2020年11月には4982億元、日本円にして約7兆9000億円となり、過去最高を記録した。これは前年比約1・9倍だという。

QRコード決済の利用者は「アリペイ」が約5億人、「ウィーチャットペイ」が約9億人に達している。利用者は重複しているが、それを勘案しても中国人は両方、もしくはいずれかのQRコード決済サービスを使って、サイバー空間を闊歩しているわけだ。

サイバー空間とリアル空間をつなぐ

ただし、サイバー空間には弱点がある。
サイバー空間はサイバーだけでは成立しない、ということである。商品の販売から注文までをサイバーで完結できたとしても、製造も配達もリアル空間である。サイバー空間とリアル空間を行ったり来たりしなければ商売にならない。誰かがつなげねばならないのだ。ここにシニア世代の入り込む余地がある。リアル空間の経験値と知恵で、サイバー世代を凌駕するからだ。

データの問題もある。ITに優れた人間や企業は、ビッグデータの処理に長けている。だが、こうした集団はまだ歴史が浅い集団が多く、データそのものを持っていないことが多い。ビッグデータの基となる膨大な顧客情報などを保有しているのはやはり老舗企業なのである。つまり、ITを専門にする〝向こう岸〟の企業と、ビッグデータの基を持つ〝こちら岸〟の企業を結びつける。そういう役割を、〝向こう岸〟で勉強したシニア世代は担えるのではないか。

佐賀大学出身の菅谷俊二氏らが２０００年に佐賀県で起業した「オプティム」というベンチャー企業がある。ＡＩやＩｏＴを駆使したサービスを提供する会社なのだが、いま同社は積極的に既存の企業や団体とのコラボレーションを展開し、たとえば佐賀大学や佐賀大学病院と組んで患者の膨大な情報処理を行なっている。

農業もオプティムの守備範囲だ。たとえば、畑の上にドローンを飛ばし、同社の持つ画像認識技術で虫に喰われている箇所を発見し、そのデータを基にした害虫駆除を手がけている。画像認識で害虫を発見したら、そこにまたドローンを飛ばし、少量の農薬でピンポイントの駆除を行なうのだ。ヘリコプターから撒くと、どうしても畑全体に農薬がかかってしまうが、これならば低農薬が実現するし、農薬代も節約できる。

（〝向こう岸〟にいる）菅谷氏の面白いところは、これを彼が卒業した〝こちら岸〟の大学をベースに佐賀限定のサービスとして展開していることだ。佐賀の農家がオプティムと契約した場合は、無料でこのサービスが受けられる。その代わり、収穫した野菜はすべてオプティムが市場に出す。低農薬なので当然、通常より高値で売れるが、マーケットより高く売れた分は、オプティムと農家で折半する。農家から見れば、無料でサービスを受けられる上、収入が増える可能性が高い。一方のオプティムは、これによって膨大なデータを収集できるので、のちのちのビジネス展開に活かすことができる、というわけだ。

本章では、スキャンマン、スクエア、アリペイ、ウィーチャットペイ、オプティムなどの企業や商品、サービスを取り上げたが、考えてもらいたいのは、なぜ彼らのようなサービスや商品がいま商売になっているのか、ということだ。そこには新しいビジネスのヒントが隠されている。

では、自分ならどうするか？　常にこの視点でニュースを追っていけば、必ず何らかの発想を得られるはずだ。発想さえあれば、シニアになってから起業することも可能なのである。

第4章［実践編2］

〝お金を生む〟発想力を磨く

起業の落とし穴

実は「起業」は決して難しいことではない。年齢も関係ない。シニア世代であろうと、起業のチャンスはいくらでも転がっている。

ただし、シニアが起業する場合、注意してほしい点がある。

一つは、複数の他人が絡んだ仕事をしないということだ。

自分だけでできる、あるいは家族や自分の親しい友人1人を加えればできる、といった仕事に絞る必要がある。これはお金もそうだ。借金をしてまでやってはいけない。あくまでも自己資金の範囲で始めるべきである。

たとえば「おいしい地鶏」を売りにレストランを始めるとしよう。そうすると、地鶏を優先的に卸してくれる養鶏業者と契約する必要がある。果たしてこの養鶏業者が、一定のレベル、一定の量の地鶏を卸し続けてくれるかどうか。複数の他人が介在するとはそういうことで、ここにリスクが発生する。関わった人間の数だけ、リスクが大きくなるのだ。

また、仮に成功を収めた場合でも、大手企業が参入してきてやり方を真似られたら、太刀打ちできない。

体力の問題もある。

20代・30代ならば、徹夜も厭わないだろう。何日か寝ずに働いたとしても、何とかなる。マッキンゼー・アンド・カンパニーの後輩の南場智子氏は、37歳の時に「ディー・エヌ・エー（DeNA）」を起業した。最初の頃はオフィスに寝袋を持ち込み、会社に泊まり込んで働いていたそうだ。1日24時間を会社のために捧げたのである。

だが、これは30代だから可能だったことであり、シニアの場合はそうはいかない。同じように働いたら、体を壊して入院してしまうかもしれない。自分は1日何時間働けるのか。12時間なのか、それとも8時間なのか。無理しないで働くことができる時間を自分で設定し、それを維持するようにしなければならない。

いきなり会社をゼロから立ち上げようとするのも、やめたほうがよい。可能性があるとしたら、自分自身がIT技術に精通している場合のみで、たとえば前述した「スキャンマン」のように、スマホやフリーミアム（基本的な機能は無料で使え、さらに高度な機能などを利用する際に課金される製品やサービス）のツールを駆使して、社長1人で何でもできるならかまわない。だが「そういうＩＴ関係は若い人に任せて……」と思っているようならダメだ。仮にＩＴに精通した若手がいたとしても、そんな人材がその人の会社に来てくれる可能性はゼロに等しい。

ホームページさえ立ち上げれば客が集まってくると考える人もいるかもしれないが、何千何万というＷｅｂサイトの中から、サイバー空間の住人があなたのホームページを選んでくれるようにするためには、それ相応のＩＴ知識が必要となる。これは「ＳＥＯ（Search Engine Optimization）」という技術で、グーグルやヤフーの検索結果で自社のＷｅｂサイトがより多く表示されるために検索エンジンを最適化するＷｅｂマーケティングの一つだ。

しかし、ＳＥＯをパーフェクトに使いこなせる人間はほんの一握りで、まず無理だと思ったほうがよい。ＳＥＯの専門会社も数多くあるが、ｅコマースの専門家もピンキリで、高い報酬を払ったにもかかわらず効果がない、ということはザラなのだ。

最も可能性が高いのは、以前から付き合いのある会社や人と手を組み、資本金を出し合ってやる方法だ。自分自身はフルタイムの社長として責任を持ち、パートナーに人と金を出してもらうのだ。その代わり、人一倍、汗をかかねばならない。

避けるべき「ドゥ・モア・ベター」の発想

では、何をやるか？

何をやるにせよ、「ドゥ・モア・ベター」（より良い物を作る・売る）の発想だけは、絶対にしてはならない。

日本の企業は長らく、この考えに取り憑《つ》かれている。従来の延長線上で競合他社より「もっと多く、もっと良く」と考え、そこに目標を設定してしまうのだ。

日本の家電メーカーが、こぞって業績不振に陥った理由がそこにある。冷蔵庫の容量をもっと大きく、消費電力をもっと小さく……と競ったところで、それは程度の問題でしかない。たしかに高度成長期は「ベター」になった者が勝ってきたという歴史があるが、その競争は必ず壁に突き当たる。

現に、1993年創業という比較的若いイギリスの電気機器メーカー「ダイソン」が、全く新しい発想のサイクロン掃除機やドライヤーを市場に投入したら、日本のメーカーは歯が立たなくなってしまった。

たとえば、２００９年秋に発売された扇風機「エアマルチプライアー（Air Multiplier）」。羽根を持たない扇風機のスタイルに、誰もが度肝を抜かれた。「ドゥ・モア・ベター」の発想ではないところでダイソンは勝負しているのだ。創業者のジェームズ・ダイソン氏は「人と違うことをしたい」と常々口にしているが、これこそアンチ「ドゥ・モア・ベター」の発想だ。

ダイソンのこれまでの成功が物語っているのは、「起業成功のカギはアイデアである」ということだ。

「ドゥ・モア・ベター」の考え方の弊害は、価格設定にも現われる。「他社よりも価格を安く」というのは、日本企業の悪しき考え方だ。ここでも、「ドゥ・モア・ベター」で発想してしまっている。

せっかく起業した人が「ドゥ・モア・ベター」の発想から抜け出せない場合、どうなるか。同じような商品を他社より安くするためには、経費を節減するか、自分の給料を削るしかない。経費を節減するといっても大工場を展開する大手に敵うわけがなく、結局、自分の懐を痛めるしかない。これでは損失を抱えるだけで、何のための起業か、ということにもなりかねない。それならば何もせずに虎の子の貯金を抱えて静かにしていたほうがマシ、ということになってしまう。だが、貯金を抱え込んだところで今の超低金利では目減りしていくだけだから、増えるのは将来に対する不安ばかりだ。

あなたがTSUTAYAの社長なら？

シニア起業の成功のカギは「アイデア」だと述べたが、では、その発想力はどうすれば磨かれるのか。

私が学長を務めている「ビジネス・ブレークスルー（BBT）大学」で自分の講義の柱にしているのが、「RTOCS《アールトックス》（Real Time Online Case Study／リアルタイム・オンライン・ケーススタディ）」というメソッドだ。これは、文字通りリアルタイムのケーススタディ——つまり現在の「誰か」に自分が成り代わり、その人の立場になって発想するというトレーニングだ。

他所のMBA講座でも、たしかに「ケーススタディ」はある。だが、それらの大半は「すでに終わってしまった事例」の研究でしかない。ケーススタディと言いながら、最初から答えが分かっている事例を研究しているのだ。これでは発想力は磨かれない。しかも、企業を取り巻く環境は加速度的に変化している。10年前のケースをいくら研究しても、実際のビジネスの現場では役に立たないことが多いのだ。

例題を出してみよう。

たとえば、あなたが「カルチュア・コンビニエンス・クラブ（CCC）」の社長だったらどうするか？

同社は「TSUTAYA」という日本最大手の音楽・映像ソフトのレンタル店をチェーン展開しているが、私が指摘するまでもなく、音楽も映像もパッケージソフトをレンタルする時代ではなく、ネットからダウンロードして聴いたり見たりする時代になってしまった。こうした中、あなたが社長なら、カルチュア・コンビニエンス・クラブをどう運営していくか。

ちょっと考えてもらえば分かるが、この課題に取り組もうと思えば、カルチュア・コンビニエンス・クラブの実態を調べる必要がある。さらにはレンタル事業の同業他社の状況、レンタルの実態、ネット配信事業がどうなっているかなど、時間をかけて基礎データを集め、類似例を分析しながら、現状をしっかり把握する必要がある。こうした事実を積み上げた上で論理を構成し、その論理から自身の想像力を用いて発想を飛躍させねばならない。大変な労力だ。「ＲＴＯＣＳ」とは、思いついたアイデアを口にすればよい、というものではないのである。

1週間に一度の「社長シミュレーション」

今のシニアよりひと回り上の世代は、サラリーマンになった時点で、誰もが社長を目指していた。

「自分が社長だったら……」

という台詞は、同期との飲み会で必ず飛び出した。少なくとも「社長として物事を考える」という癖があった。参考となる例は少なかったかもしれないが、「ＲＴＯＣＳ」を地で行っていたのである。

だが、現在のシニア世代は、「自分が社長になることはない」と諦めていた人がほとんどだろう。仮に社長になったとしても、あろうことか、前任者のやってきたことを踏襲するしか能がない人が多い。そして、社長退任パーティーで「つつがなくこの4年間を終えられてホッとしています」などという聞くに堪えない挨拶をしてしまうのだ。

ビジネスの世界で「つつがなく」は最悪の言葉だ。社長として何かにチャレンジしたら、少なくとも「つつがなく」という言葉は出てこない。目まぐるしく変化するビジネス環境の中で、チャレンジしないという選択肢はあり得ないのだ。前例を踏襲していればうまくいく業種など一つもない。

さらに若い世代になると、出世も望まず、転勤さえ断わるようになってきている。「責任」を忌避する傾向にあるのだ。ゆえに「自分が社長だったら……」と考えるのではなく、「自分が転勤を命じられたらどう断わるか」ということばかり真剣に考えている。これは思考の〝浪費〟である。

会社に入って「上司の指示を忠実に守ってきました」というだけでは、これからの世界でサバイバルできない。与えられた課題を処理する仕事は、遠からずAIやロボットに取って代わられる。退職後のことを考えれば、なおさら自分自身の発想力を鍛えなければならないのである。

シニア世代が発想力を磨くためには、「自分があの企業の社長だったら……」というシミュレーション――「RTOCS」をひたすら繰り返すしかない。筋肉を増やすためには筋トレをやるしかないのと同じように、アイデアを生み出す発想力もまた、増強するためにはトレーニングを重ねるしかないのだ。

この「RTOCS」を1週間に一度のペースで続ければ年間約50本。1年でそれだけこなせば、相当な知識と発想力が蓄えられているはずだ。

始めるのに年齢は関係ない。やるか、やらないか。それだけである（拙著『発想力「0から1」を生み出す15の方法』〈小学館新書〉に詳述）。

55歳社内起業制度

むしろ私は、シニア世代ならではの経験に期待している。企業はもっと積極的に、50代のベテラン社員を活用すべきであり、具体的には「55歳社内起業制度」を提案したい。

該当者には耳の痛い話かもしれないが、社内でくすぶっているベテランほど、企業の業績を下げる存在はない。給与だけは高く、その上使い勝手が悪い。放っておくと、彼らは自然に腐っていく。箱の中のミカンと同じで、周りの人たちも腐らせる。日本のサラリーマンはある一定の年齢になると、自分の会社員としての残りの人生を見越してしまい、あとは定年まで無事に勤め上げればよい、と後ろ向きになってしまうのである。

一例は、百貨店最大手の三越伊勢丹ホールディングス（ＨＤ）だ。

三越伊勢丹ＨＤは、２０１７年11月、杉江俊彦社長の号令のもと、大リストラ策を発表した。管理職の早期退職制度を見直して、対象年齢をバブル世代の48歳まで引き下げ、部長級は最大で５０００万円を退職金に上乗せし、課長級は最大で退職金を倍増する。これにより、３年間で８００～１２００人の削減を目指すとした（その後、新型コロナ禍の影響もあり、さらに２０２３年度までに従業員を最大２割削減するリストラ策も発表された）。

もともと同ＨＤの代表取締役だった大西洋氏は、カルチュア・コンビニエンス・クラブなど外部企業との提携、小型店の積極出店や高齢者向けの旅行会社の買収など、事業の多角化を推進してきた。この方向は決して間違っていなかったが、業績悪化に歯止めがかからず、任期途中に詰め腹を切らされてしまった。後を継いだ杉江社長の立て直し策が、リストラだったのである。

だが、リストラを加速させることで「成功体験をもう一度」と考えているようなら、三越伊勢丹HDの未来はないだろう。なぜなら、早期退職に積極的に手を挙げる社員こそ会社が必要としている人材であり、窓際でくすぶっている社員は、むしろ会社に残りたがるのだ。リストラによって、三越伊勢丹HDとしての基礎力は弱まっていくだろう。

では、どうするか？

同じ給料を払うなら、窓際でくすぶっているベテラン社員に、会社にとって重要な新事業の突破口を開いてもらえばよいのである。50歳から55歳の間に、社内起業のチャンスを与えるのだ。これが「55歳社内起業制度」である。

約30年間のサラリーマン生活で得た経験を活かして現在の会社の強み、弱みをあぶり出し、その分析に基づいた新規事業のプレゼンテーションを、社長相手に直に行なわせるのだ。会社はそれらの中から良いアイデアを採用し、その事業を任せる。将来的には切り離して子会社化してもよいだろう。いずれにせよ、「55歳社内起業制度」は社内の起爆剤になる。

20年後に会社は生き残っているか

55歳から新しいことができるのか、と半信半疑になるかもしれないが、私が「ビジネス・ブレークスルー」を起業したのは、55歳の時である。ネットなどを活用した人材育成は当時の日本ではまだ新しく、ずいぶん苦労した。だが私には、それまでの約30年間に積み上げてきたビジネス・キャリアと人脈があった。

逆説的だが、日本で初めて文部科学省が認可したサイバーネットワークを利用したオンライン（遠隔）教育方式の経営大学院「ビジネス・ブレークスルー大学院」は、55歳を過ぎてからのチャレンジだったからこそ、うまくいったとも言える。

「55歳社内起業制度」の利点はまだある。

20代・30代の若手社員からすると、55歳で1回大きなチャンスがもらえるとなれば、必然的に「自分ならどうするか」と思考し始める。「RTOCS」の発想をせざるを得ない。これは効率的な発想法の訓練となる。

中でも最大の利点は、会社を救う新規事業が飛び出すかもしれない、ということだ。

三越伊勢丹HDがそうであるように、かつて「成功」した会社や業界ほど、斜陽化している。

たとえば、自動車業界は自動運転とEVが二大潮流になりつつある。となると将来、本格的な自動運転社会が到来すれば、交通事故は激減するだろう。自動車保険でもっている損害保険業界の寿命は、長くて20年だろう。

ガソリンスタンドの消滅も想像がつくはずだ。実際、2017年4月の東燃ゼネラル石油とJXグループの経営統合により、JXTGホールディングスが誕生した。出光興産と昭和シェル石油の経営統合も、2018年7月に正式合意が結ばれ、2019年4月に新会社が発足。2021年4月から新ブランド「アポロステーション」を展開する。この二つのグループの国内シェアを合わせると約8割に達し、石油元売りは二強時代に突入する。

こうした経営統合が頻発する背景には、彼らの焦りがある。自分たちの会社は20年後になくなっているかもしれない、と薄々気づいているのだろう。

オンデマンド型カーシェアリング「car2go（カーツーゴー）」の試みは示唆的だ。「car2go」は、メルセデスベンツやスマートを展開するダイムラーが2008年からスタートしたカーシェアリングで、登録手続きはスマホから簡単にできる。一度登録すると、チップ入りの免許証を自動車にかざすだけでロックが解除でき、すぐに利用できる。料金は「1分いくら」というシンプルな体系で、ガソリンを補給する必要もなく、駅や空港での乗り捨ても自由だ。2017年には全世界で約297万人が利用し、これは前年比30%の大幅増だった。

「car2go」がサービスを展開するカナダのバンクーバーでは、約3000台のカーシェアリング用自動車が用意された。その結果、3年間で新車を購入するユーザーが激減してしまった。

同じカーシェアリングの「DriveNow（ドライブナウ）」という子会社を持っていたBMWが、2018年3月に「car2go」との事業統合を発表した。犬猿の仲と言われたダイムラーとBMWが、子会社とはいえ統合するということに、どんな意味があるのか。それは「自動車製造会社」から「モビリティ（移動）サービス事業者」への移行だろう。

バンクーバーのようにカーシェアリングが当たり前になったら、個人の新車購入は必要なくなる。それはすなわち、自動車を製造していれば儲かった時代が終わりを告げる、ということだ。「何に乗るか」が問われないなら、重要なのは「誰がオペレーションするか」である。だからダイムラーもＢＭＷも、カーシェアリングに本腰を入れているのである。そして将来カーシェアリングの中心となるのは、自動運転のＥＶだ。

日本の自動車業界も今のままなら、「ジ・エンド」だ。新車販売を手がけるディーラーはもっと深刻で、20年後は絶滅しているだろう。

こう考えていけば、今のままで生き残る会社・業界など存在しない、ということが分かる。したがって「55歳社内起業制度」は企業が生き残るための有効な手段になり得ると私は考えている。同時にそれは、シニア世代が自分の強さを活かして生き残る術でもある。

シャッター街で話し込もう

繰り返すが、起業で最も大事なのは「アイデア」だ。ここで頭を悩ます人は多い。だが、アイデアの種は、実はあなたの身近に転がっている。

私が心がけているのは、ローカルな地域に足を運んだ際、そこにある商店やレストランの人たちと話し込むことだ。

地方の商店街は、デジタル社会になって客足が途絶え、壊滅的な打撃を受けているが、実は彼らが持っている情報は、都会にいては得られないものばかりである。

彼らはデジタル社会の変化に対し、実に敏感だ。実害も被っている。ゆえにシャッター街と化してしまった商店街で生き残っているお店には、何らかの工夫がある。そういう人たちと話し込むと、非常に刺激を得られるのだ。

その商店街がシャッター街となってしまった理由、閉店した店とそうでない店の違い、生き残っている店の試み、店主が考えているシャッター街を盛り上げるアイデア……。こうしたことを、聞き出してみよう。彼らは快く答えてくれるはずだ。うまくいっている店でなく、大変そうな店にも聞いてみるとよい。商店街の抱えている課題が、いろいろと浮き彫りになってくるはずだ。

そして同時に、「RTOCS」――リアルタイム・オンライン・ケーススタディの手法で、「自分が商店街の店主の1人だったら……」と考えてみる。もしかしたら、話し込んでいるうちに、ほとんどタダで閉まってしまった店舗を貸してくれるかもしれない。起業のチャンスだ。

根っからの商売人と起業家の発想は異なるので、うまくいっていない商店街であっても、何かしらの打開策は見つかるはずである。

過日、千代田区一番町の一等地にある魚屋が閉店した。店にはこんな貼り紙が貼り出された。

「店主が高齢につき、体力が続かなくなりました。たいへん残念ですが、閉店いたします」

実は、この魚屋は隣の寿司屋とお金を出し合って、5階建てのマンションを建てている。おそらく相当な借金もしただろう。だが、なぜこの時点で店を第三者に貸し、自分は田舎で悠々自適の生活を送るという発想がなかったのか。体が動かなくなるまで働く必要があったのか。隣の寿司屋も同様で、夜は辛うじて営業しているようだが、昼間は閉めるようになって久しい。いま店舗ごと売ろうと思っても、すでに商店街がシャッター街になっているので難しいだろう。

その一方で、寿司屋の近くの珈琲チェーン店は、朝7時の開店前からサラリーマンの行列ができている。なぜなら、この店ではタバコが吸えるため、それに対する需要があるのだ。

珈琲チェーン店には朝から行列ができるのに、魚屋や寿司屋はうまくいかない。ここで「発想を変えればどうだろう?」と思ったなら、あなたは発想力が身につき始めている。そしてこうしたケースは、日本中のあちこちに転がっているのだ。お茶を飲みながら、あるいは食事をしながら、店主と話してみる。これも発想力を鍛える方法の一つである。

あなたが金正恩だったら?

日常のニュースも「RTOCS」を試みる絶好の機会となる。

たとえば、北朝鮮のトップに就任以来、ずっと世界を振り回している金正恩《キムジョンウン》総書記。安倍政権のように、何とかの一つ覚えで彼を批判するのは簡単だ。溜飲も下がるかもしれない。

だが、こうしたニュースさえも、やり方次第で自分の発想力を鍛えるツールとなる。

「もし自分が金正恩の立場だったらどうするか?」と問うのである。すると、金正恩の追い込まれた立場が手に取るように分かる。

父・金正日総書記の死によって、突然、北朝鮮トップのポジションが自分に回ってきた。その時、味方がいたわけではない。何か余計なことをすれば、自分が殺されるかもしれない。事実、兄である金正男《ジョンナム》を中国が推している、という情報も入っていたはずだ。周辺諸国とも関係はうまくいっておらず、アメリカや中国が自分の命を狙っているかもしれない。

もし、私が今の自分の年齢で金正恩の立場になったら、答えは簡単だ。死ぬまでとぼける。阿呆の振る舞いを続けるしか、逃れる道はないだろう。

だが、彼が父の後を継いだのは20代だ。この先30年も40年もとぼけ続けるわけにはいかない。では、どうするか。

そうやって考えていくと、金正恩の行動が見えてくるのではないか。少なくとも安倍政権のような制裁一辺倒の対応にはならない。

「自分がアメリカ大統領だったら……」でもよい。ニュースを右から左に流し見て終わりにするのではなく、「自分だったらどうするか」と考える癖をつける。1週間に一度でいいから、その人になりきって考えてみるのだ。

私たちはふだん、どうしても同じような考え、発想にとらわれている。年齢を重ねれば重ねるほど「思い込み」に支配されがちだ。しかし、使い古された既成概念から新しいアイデアは生まれない。「自分ではない誰かになりきる」ということは、自分のこれまでの思い込みを排除することにもなる。「ＲＴＯＣＳ」のトレーニングは、自分自身のイノベーションでもあるのだ。

経済ニュースで発想力を鍛える

こうした発想方法を身につければ、経済ニュースもアイデアの宝庫となる。

たとえば、このニュースをあなたならどう読み解くか。

『ダイキン、ＡＩ使える社員７００人養成へ　阪大と連携』

〈ダイキン工業は大阪大学と組んで人工知能（ＡＩ）に詳しい人材育成を始める。教授らを招き、ＡＩやあらゆるモノがネットにつながるＩｏＴの基本や活用方法などを社員に学ばせる。2020年度までに700人弱の人材を養成する。機器販売に加え、故障予知や疲れにくい快適な空間づくりの提案など付加価値の高いサービスの強化を掲げるが、AI人材が不足しており、自前で育成する。12月5日から社内講座「ダイキン情報技術大学」を中央研究所「テクノロジー・イノベーションセンター」（TIC、大阪府摂津市）で開く〉（日本経済新聞電子版／2017年11月30日）

この取り組みの一環としてダイキン工業は、2018年度と2019年度の新入社員各100人を2年間、「ダイキン情報技術大学」に入学させた。

社内リリース（2017年12月5日）によれば、〈より付加価値の高い製品やサービスの創造においてAIやIoTの活用が不可欠になる〉という認識のもと、次のような人材の育成を目標に掲げている。

①AI技術開発人材／AIの導入により社内課題を解決する筋道を描ける人材
②システム開発人材／実際にAIのシステムを開発できる人材

③ＡＩ活用人材／ＡＩを活用した新たな事業展開を企画できる人材

ダイキン工業はエアコンを主力製品としながら、日本では珍しくグローバル展開に成功している企業だ。家庭用ルームエアコンの国内のシェア（日本経済新聞社「業界地図２０１７年版」）は、パナソニック（22・４％）に次ぐ2位（18・１％）だが、全社売り上げは2兆円を突破し、グローバル空調メーカーの空調機器事業売り上げランキングでは世界1位となっている（富士経済「グローバル家電市場総調査２０１７」）。

日本企業はこれまで、海外ではエアコンなどの白物家電の販売が非常に苦手だった。なぜなら、据え付け工事が必要だからだ。「キャッシュ＆キャリー」と呼ばれる、客が製品を持ち帰れば済むようなテレビやステレオでは、日本のメーカーは強みを発揮してきたが、現地業者の工事が必要なエアコンや水道工事が必要な製氷機付き冷蔵庫では、どうしても後れをとっていたのである。しかしダイキン工業は、米空調機大手の「グッドマン」などのＭ＆Ａによって現地企業を買収したり、あるいは中国ナンバーワンの珠海格力電器と販売提携したりするなどして、こうした問題を克服してきた。今や「世界のダイキン」なのである。

そのダイキン工業が、社内大学を設立し、ＡＩやＩｏＴの人材を育成している。

これは非常に面白い試みだ。

だが、一つだけ問題を挙げるとすれば、大阪大学と組んで、果たして「これからの技術やアイデア」を学べるか、という点だ。阪大に限らず、大学では「現在」や「未来」ではなく、「過去」しか学べない。ＡＩやＩｏＴの先頭を走っているのは大学の研究者ではなく、ビジネスの最先端にいる人たちだ。

また、新入社員１００人を2年間、仕事もさせずに社内大学で勉強させても、その成果は微々たるものになるだろう。

たとえば、私が学長を務めている「ビジネス・ブレークスルー（ＢＢＴ）大学院」の学生たちは、仕事をしながらサイバー空間で学んでいる。学んだことを実際の自分の仕事でアウトプットし、さらに仕事で出た疑問を学びの場で解消する、ということを常に行なっているのだ。学びをビジネスに活かし、かつ異業種の人々とクラス討論することで日々成長しているのである。

だが、仕事をさせずに社内大学に通わせれば、それは単に大学生活が延長したにすぎない。しかも「生きた学問」を学べないとなれば、やや疑問符が付く。阪大に限らず既存の大学にAIやIoTの教師が務まるような人材がいるのかも大いに疑問である。

インターネット・オブ・エブリシング

ただし、このニュースの最大のポイントは、〝勝ち組〟であるダイキンが、AIやIoTの人材の育成に本気になっている、ということである。

たとえば、計測・制御機器大手の「キーエンス」という会社がある。「平均年収が高い会社」ランキング（東洋経済新報社／2020年12月）によれば、同社の平均年収は1637万円で第2位。営業利益率は50％超を誇り、時価総額は約14兆円だ。

キーエンスの強みは「社内に製造部門を持っていない」ことだ。キーエンスはユーザーの現場における生産性改善のネックを見つけ出し、それを解消する装置を提案する。ニッチに対応しているのでその製品は「唯一無二」のものとなり、競合他社は存在しなくなる。

キーエンスはその製品を納品するために、社外の技術者や会社を使って製造しているのだ。技術者とニーズのマッチングに特化していると言える。いわば、所有せずに空いているものを有効活用する「アイドルエコノミー（Idle Economy）」の考え方を実践しているのだ（アイドルエコノミーについては第5章を参照）。

もう一つの強みは、キーエンスが「センサー」を扱っていることだ。なぜなら、センサーこそIoTの鍵を握るからである。

たとえば、工場の生産ラインでは、検査、測定、制御などが必要となる。そうした技術を支えているのは、精度の高いセンシング（音・光・圧力・温度などを測り情報を収集すること）なのだ。センサーで確実にデータを取ることでIoTは実現する。

世界最大級のIT企業「シスコシステムズ」のCEO（最高経営責任者）を20年にわたって務めたジョン・チェンバースはIoTの次に来るものとして、「IoE（Internet of Everything）」を唱えた。インターネット・オブ・エブリシング。文字通り、あらゆるものがインターネットにつながる世界だ。IoEとは、身の回りのすべてのモノにセンサーが埋め込まれ、それがインターネットにつながり、かつ相互に通信が可能になる社会のことである。

たとえば路線バスなら、こんな使い方が可能だ。

バスがあと何分でその停留所に到着するか、という情報だけでなく、座席や床の下にセンサーを設置して車内の混み具合のデータをパケット通信網で送信する。そうすれば停留所で待っている客は、バスの混雑度が分かる。次に来るバスは混んでいるが、その次に来るバスは空いているからそれに乗ろう、という選択も可能になる。こうしたシステムにより、先行するバスに客が集中して乗降に手間取り、後に続くバスがガラガラのまま数珠つなぎに走る——といった光景を目にすることはなくなるだろう。

キーエンスはセンサーによる検査や測定だけでなく、それによって集まったデータの収集や処理まで行なっている。ＩｏＴのみならず、ＩｏＥにも対応する会社と言えるだろう。キーエンスが平均年収トップの会社であり続けているのは、彼らがＩｏＴ技術で優位に立っているということにほかならないのである。

ＩｏＴで変わりゆく社会

であるならば、私たちがすべきことは「ＩｏＥ」――すべてのモノがインターネットにつながる社会になると、今の社会や自分たちの会社はどう変わるか、と考えることだろう。発想をそこに持っていくのである。

私がＢＢＴ大学院の学生たちによく出すのは、「ＩｏＥ時代にセコムはどうなるか」という問いだ。

セコムは日本で初のホームセキュリティシステムを確立した会社であり、シェアは6割を超える勝ち組企業の一つだ。このため学生たちは「ＩｏＥ時代であってもセコムは勝ち続ける」と思い込み、そこで思考を止めてしまう。

果たして、そうか？

たとえば、顔認証システムはＮＥＣが世界のトップを走っている。これと最新のセンサーを組み合わせてみる。留守の際、誰かが自宅の敷地内に侵入したとする。センサーが反応し、カメラで顔を撮影する。すぐに情報はネットでデータベースに飛び、顔認証を行なう。ＡＩが前科者リストと照合し、もし前科者だったらすぐに（セコムではなく）警察に連絡が行くようにし、あらかじめ登録しておいた身内や友人の顔だったら「誰々が何時何分に訪問」というメールをスマホに送る。

こうしたシステムをIoTで構築してしまえば、セコムのようなホームセキュリティは必要なくなる（もちろん、セコムもすでに顔認証システムを活用している）。

そう一例を挙げると、学生たちは「こんな方法もできるのではないか」と次々にアイデアを出してくる。既成概念さえ取り払えば、IoTはアイデアを実現する最良のツールになるのだ。

IoTを使えば、営業の効率を格段にアップさせることも可能だ。

たとえば、営業マンがスマホの電源を入れ続けていれば、GPS機能などを使って、どのルートをどのくらいの時間をかけてたどったのか、というトラッキングが可能だ。営業マンを追尾し、データを分析するのである。そうすれば、顧客とどのくらい商談していたのか、あるいは漫画喫茶でサボっていたのか、といったことがたちどころに分かってしまう。追尾されるのが嫌な営業マンは、スマホの電源を切ればよい。ただし、電源が入っていない時間帯は、入っている時間帯と給与で差をつける。

また、訪問先の顧客のデータもあらかじめ収集・分析しておけば、営業マンがその顧客を訪問する直前に、相手が喜びそうな最新のニュースや話題をスマホに送信することができる。顧客と自分たちの商品のマッチングをＡＩに分析させて、それを営業で売り込むこともできる。在庫管理もＩｏＴで行なっていれば、その場でいくつの商品を何時までに納品する、という約束も簡単だ。ＩｏＴによって、ドブ板営業や、営業マンの〝勘〟といったものが、一掃されるかもしれない。

ＩｏＴから発想したアイデアを会社に提案すれば、それだけで一目置かれるはずである。

「ＡＩで何ができるか」と発想する

様々なモノがインターネットにつながり、パケット通信網で情報が集まってくれば、それはそのままビッグデータとなる。ビッグデータを分析するのはＡＩの仕事だ。企業がＡＩに詳しい人材を求めている理由が、そこにある。

しかし、ただ「詳しい」だけではダメだ。ＡＩが何たるかということは、１時間も勉強すれば把握できる。ＡＩの開発者になるなら別だが、私たちに必要なのは、ＩｏＴと同じく「ＡＩで何ができるか」と発想することだ。

たとえば、クレーム処理はＡＩの能力を発揮できるジャンルだろう。

お客からのクレームの電話の中身と担当したオペレーターの対応をデータ化し、ＡＩに分析させるのだ。そして「クレーム対応に優れたオペレーター」の群を選び出し、それらのオペレーターがお客とどんなやり取りをしているのか、共通項を探る。つまり「優秀なオペレーターのスキル」をマニュアル化してしまうのだ。マニュアルといっても、文書化するのではない。実際のお客とのやり取りをリアルタイムでＡＩに分析させて、事前に危険を察知してアラームで知らせたり、最適な解をモニターに表示したりすればよいのである。

ただ、お客とのやり取りまでＡＩに任せ、自動音声で答えさせようとするのは行き過ぎだろう。

クレームの電話をかけてくるお客の大半は「人の声」での対応を求めており、いくら自動音声で最適な解を伝えられたとしても、必ず「人間を出せ！」と、さらなる怒りを生んでしまうはずだ。

サービス業というものは、たった一つのミスで、それまでの努力が水の泡になってしまう厳しい世界だ。通常なら100から1をマイナスすれば99だが、サービス業界では100マイナス1はゼロなのだ。AIはデータを分析することはできるが、感情を読み取ることはできないし、文脈も理解できない。最後は人と人とのコミュニケーションがものを言うのである。

ただし、そのコミュニケーションの最適解を、効率的に導き出すことはAIに任せることができる。AIを活用することによって、新入りのオペレーターがベテランの有能なオペレーターに成り代われるのである。

今後、AIが社会に入り込み、人間の生活にとって欠かせないものになることは間違いないだろう。たとえば、災害の分析、医療、マーケティングなど、すでに多くの分野のデータ分析で、AIは利用され始めている。人間がAIに取って代わられる仕事は多々あるはずだ。

だが、そのことを恐れるよりは、「AIで何ができるか」と思考することが、私たちがAI時代に有用な人間として生き残っていく道なのだ。

第5章［実践編3］

稼げるビジネスはこれだ

借金しないで不動産ビジネスを始める

第2章で、老後の生活を成り立たせるための目標金額を「月15万円」に設定する、と述べたが、深刻に考える必要はない。何も「月100万円稼げ」と言っているわけではないのだ。アイデアと行動力さえあれば、起業しなくても「月15万円」という目標は十分に達成可能な数字である。

手っ取り早いのが不動産の活用だ。あなたが土地・建物を所有していて、かつ今の建物の容積率に余裕があったら、それをテナントビルやアパートに建て替えて賃貸料を稼ぐという方法がある。

ただし、建て替え時に銀行から融資を受けるなど、ローンを組んではならない。50歳を過ぎてからの多額の借金はもってのほかだ。

では、どうすればよいのか。

この場合、活用したいのがＡＢＳという手法だ。

ＡＢＳとは「アセット・バックト・セキュリティ（Asset Backed Security）」の略で、「資産担保証券」とも呼ばれる。これは簡単に言えば、建て替えた物件の将来の賃貸収入（キャッシュフロー）を担保にしてお金を借りる、という仕組みだ。個人に対する信用ではなく、物件の信用力に対してお金を貸すのである。このスキームを用いれば、個人で借金せずに資金を調達できる。この手法は、アメリカやドイツでは一般的になっており、日本でも一部の銀行で扱っている。

たとえば、2階建ての建物を所有しているとしよう。これを5階建てに建て替え、1〜3階は賃貸にして、自分たちは4〜5階に居住する。1〜3階の将来の賃貸料を抵当に入れて資金を調達するのが、ABSというスキームだ。

具体的な数字で見ていこう。

仮に建て替えに6000万円かかり、それを20年で返済する計画を組むとする。金利を無視した単純計算で、年間300万円、月25万円の返済が必要となる。賃貸料が仮に月40万円入ると仮定する。ABSの場合、この賃貸料はまず借り主から直接、銀行の指定口座に振り込まれる。そこから返済分の25万円が自動的に差し引かれ、残りの15万円が本人の口座に入金される。個人はリスクを負うことなく、目標の月15万円を易々と達成することができる。

もちろん、持っている土地・建物の場所にも左右されるが、不動産を所有しているなら、まずは屋根の上に空いているスペースを活用して賃貸料を稼ぐことを検討すべきである。

増え続ける「空き家」をビジネスに

現在、不動産を所有していない人でも、諦める必要はない。

実は日本には、膨大な空き家が放置されている。

総務省統計局の「平成30年住宅・土地統計調査（確報集計）」によれば、2018年10月1日現在の総住宅数約6241万戸のうち空き家は約849万戸。空き家率は13・6％で、過去最高となっている。つまり、7〜8戸に1戸が空き家なのである。1973年の空き家率はわずか5・5％だったから、40年間で約2・5倍に増えたわけだ。2013年と比較しても、空き家は5年間で29万3000戸も増加している。その増加した空き家の内訳を見ると、一戸建ての空き家が18万4600戸で全体の63％を占めている。

空き家は今後も増加の一途をたどるだろう。

図表5 増え続ける「空き家」がチャンスを生む

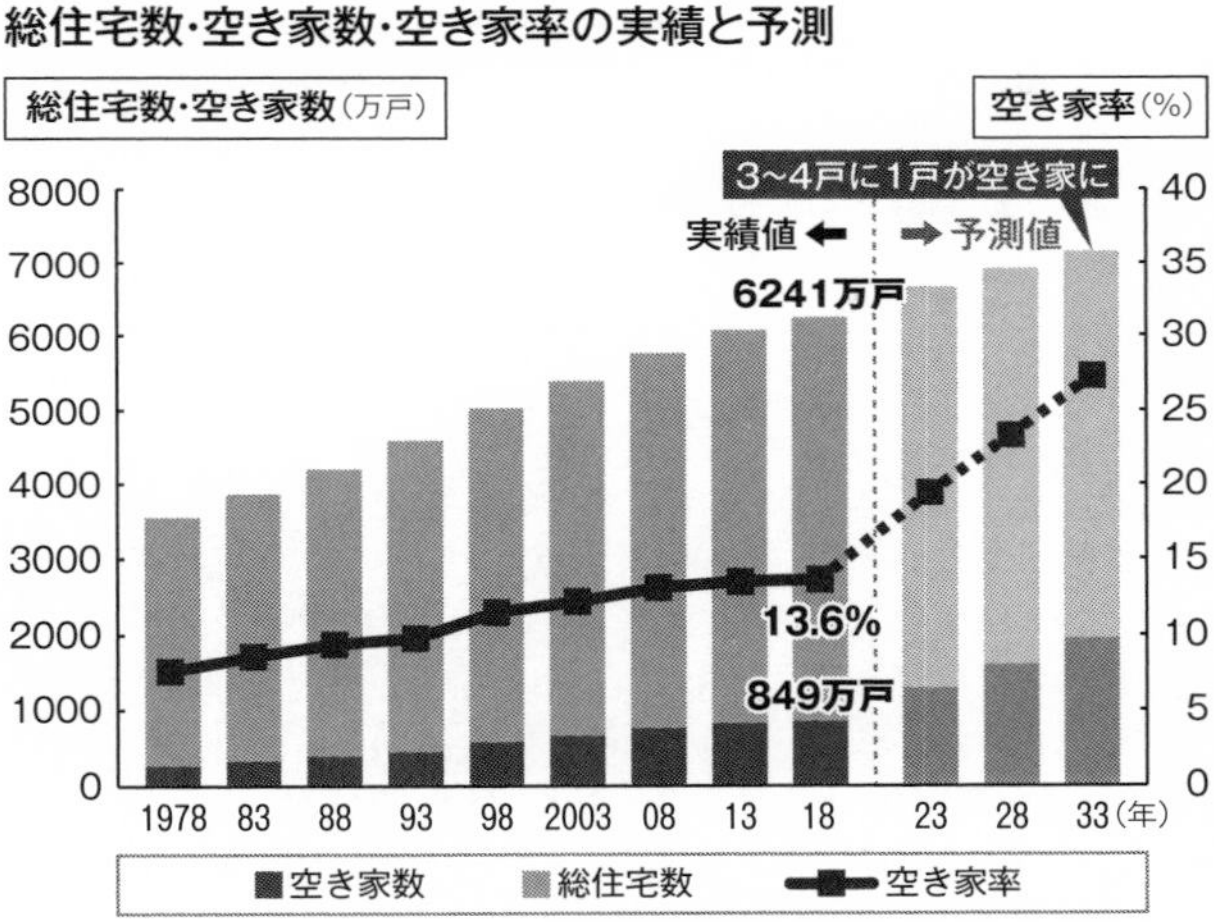

野村総合研究所「2030年の住宅市場と課題」より

野村総合研究所が公表した「2018〜2033年の空き家数・空き家率（総住宅数に占める空き家の割合）の予測」によると、2033年には総住宅数7156万戸のうち空き家数は1955万戸に達し、空き家率は27・3％に上昇するという（図表5）。3〜4戸に1戸が空き家という時代が、15年後に訪れると予測しているのだ。ならば、これを使わない手はない。

拙著『発想力』でも、空いているものを有効利用する「アイドルエコノミー（Idle Economy）」の発想について説明したが、空き家の利用は、まさにアイドルエコノミーの典型例だ。

アイドルとは、崇拝する対象の「Ｉｄｏｌ」ではなく、「Ｉｄｌｅ」。すなわち「働いていない」「使われていない」「空いている」といった意味のアイドルだ。この空いているリソース（資産）をうまく活用すればよいのである。

たとえば、スマホのアプリを用いたタクシーの配車サービス会社「ウーバー・テクノロジーズ」。２００９年に創業した会社だが、すでに世界70か国・地域の４５０都市以上で展開するほどの急成長を遂げた。ドライバーは、ウーバー・テクノロジーズに登録した一般人だ。登録ドライバーの「空いている」時間と車を使うことで、ウーバー・テクノロジーズ自体は初期投資することなく、タクシー会社を成立させてしまったのである。

この例からも分かる通り、アイドルエコノミーの発想をうまく使えば、多額の投資をすることなく、新しいビジネスを興すことができるのだ。

これは「空き家」にも当てはまる。条件の良い物件を探して購入し、ＡＢＳのスキームを用いて建て替えるか、リフォームして貸し出せばよいのである。一戸建ての住宅は、条件の良い物件でも、建てた当時では考えられないほど値崩れしていることが多い。それを借金せずに安く手に入れることができれば、損することはないだろう。
とはいえ、賃貸に出したところで借り手がいないのではないか、と心配する向きもあるかもしれない。

国立社会保障・人口問題研究所が公表している「日本の世帯数の将来推計」（２０１８年推計）によると、世帯総数は２０１５年の５３３３万世帯から増加し、２０２３年の５４１９万世帯でピークを迎えてから減少に転じ、２０４０年には５０７６万世帯まで減ると予測している。

２０１５～２０４０年の間に世帯主が65歳以上の世帯は１９１８万世帯から２２４２万世帯に、75歳以上の世帯は８８８万世帯から１２１７万世帯に増加する、とも予測している。世帯数減少が確実な日本において、借り手の減少は必至である。

それを補って余りある存在として注目していたのが、インバウンドだった。ところが、新型コロナウイルス禍によって、外国人観光客は前年比で「99％減」を記録するほど激減し、先が見通せない状況となっている。

その一方で、在宅勤務やテレワークが拡大・長期化して、従来都心に住んでいた人々の地方移住が活発になるなど、不動産をめぐる状況も大きく変わりつつある。その需給状況を見極めて、ビジネスにつなげられるかどうかが次の課題となる。

「4割」のスペースで事足りる

すでに東京都心の不動産市場は新型コロナ禍で激変している。

オフィス仲介の三鬼商事によると、東京都心5区（千代田・中央・港・新宿・渋谷）の2021年1月時点の平均空室率は4・82％で、11か月連続で上昇した。企業の在宅勤務・テレワークやレイオフが拡大し、貸しオフィスの契約解除やスペース縮小の動きが広がっているからだ。

本社ビルを売却する企業も相次いでいる。人材サービス大手のリクルートホールディングスは中央区銀座の本社ビルを売却した。大手音楽会社のエイベックスは港区南青山にある本社ビルの売却を決め、大手広告会社の電通グループと物流大手の日本通運も港区東新橋にある本社ビルの売却を検討していると報じられた。

このうちリクルートホールディングス、エイベックス、電通グループは売却後もそのままテナントとして入居する「リースバック」だ。つまり、保有不動産をキャッシュに換え、新型コロナ禍で悪化している業績の穴埋めをするわけだ。

しかし、自社ビル時の経費は建物の減価償却費だけだったのに対し、売却後は賃料を払っていかねばならない。そうするとキャッシュが出ていくので、企業は事務所スペースの高コストを痛感するようになり、ますます在宅勤務・テレワークやレイオフを拡大して事務所スペースを削っていくと同時に、都心を離れる動きが加速するだろう。最終的には40%を自社で使えばよいほうだ、というのが今までの経験である。

もともと総務・経理・人事・法務などの間接部門は賃料が高い都心にいる必要がなく、直接部門でも企画はむしろテレワークで十分だ。都心にいなければならないのは営業ぐらいだが、その人たちも今や多くの企業がフリーアドレス（※）を導入しているので、事務所スペースは今までより大幅に小さくて済むようになっている。

※フリーアドレス／社員が個々のデスクを持たず、出社したら働く席を自由に選択できるオフィススタイル。

さらに今後、ＡＩを活用した「テレ営業」が増えてくれれば、それさえもほとんど不要になる。すでに総合人材サービスのパソナグループは千代田区大手町から兵庫県淡路島に本社機能の一部移転を進めているが、これから東京都心のオフィス需要は年々減少し、最終的には現在の4割のスペースで事足りるようになるだろう。

オフィス需要減で都心は〝修羅場〟に

思えば半世紀以上前の1968年、第一生命保険はGHQ（連合国軍最高司令官総司令部）が戦後7年間にわたって本部を置いた千代田区有楽町の本社ビルの機能の一部（事務部門とシステム部門）を、神奈川県大井町の新社屋に移し、大きな話題となった。その理由は業容拡大により東京本社ビルが手狭になったためだが、歴史的建物なので簡単には増築できず、事務センターを東名高速で1時間の厚木に移した。いま、この第一生命の動きと似た検討が在京企業の間で広がっている。

前述した平均空室率の調査は1フロアの面積が100坪以上のオフィスビルが対象なので、それより小さい物件も含めると実際の平均空室率は10％を超えている可能性もある。

空室率が5％を上回ると賃料が下落するという経験則もあり、現実にバブル崩壊後の

1990年代には10％に達して、新築ビルの価格がマイナスになったこともある。今後はペンシルビルの空室率は30％ぐらいに上昇していくかもしれない。

その結果、何が起きるか？　1980年代にロンドン、ニューヨーク、ヒューストン、メルボルンなど海外の大都市で起きた〝悪夢〟の再現である。すなわち、オフィス需要の急失速でオフィスビルの「正味現在価値（NPV※）」がマイナスになる、という現象だ。

※正味現在価値（NPV）／投資によってどれだけ利益が得られるのかを示す指標。将来に生まれるキャッシュフローを現時点の価値に換算した合計金額。

そうなると物件はタダでも売れなくなり、賃料はどんどん下がる。賃料の下落は大規模ビルから中規模ビル、そしてペンシルビルへと玉突き状態で波及していく。2021年1月時点の都心5区のオフィスの平均賃料は坪2万1846円だが、その現象が起きる目安は平均賃料が坪1万円台になった時だろう。そこから1990年代に経験したような東京のオフィスビル市場の〝修羅場〟が始まるのだ。

すでに東京都心の商業ビルは、居酒屋などが入居する雑居ビルも含めて悲惨な状況になっている。都心に出社する人が激減したことが大きく影響し、どこもかしこも閑古鳥が鳴いている。このため、たとえば銀座の商業ビルでは採算が合わなくなったテナントが続々と撤退している。もともとインバウンドの急減とeコマースの拡大により、百貨店をはじめとする商業施設の来店客はどんどん少なくなっていた。さらに新型コロナ禍でターミナルビルの人出も激減し、もはや手の打ちようがない状況だ。

テレワークを経験した人たちは、満員電車に揺られて毎日通勤することにかなり強い抵抗を示す。たとえば週2回、コアタイムを11〜15時と決めて出社し、あとはテレワークで、となる。つまり、アフターコロナになっても元には戻らない、ということを想定しておいたほうがよい。

事業チャンスは〝住宅版メルカリ〟

一方、それらの動きとは逆に、東京都心部のマンション需要は依然として高い。不動産情報会社・東京カンテイの調査によると、2020年の東京23区の中古マンション価格（70㎡あたり）は5766万円で、前年より3・6％上昇した。とくに都心3区（千代田・中央・港）は、リタイアした高齢者の都心回帰や富裕層の投資などで価格が上がり、千代田区では坪1000万円というバブル期を大幅に上回る新規物件もある。

また、東京から電車で約1時間圏内のウイークエンドマンション市場も活況を呈している。たとえば、かつては空き部屋だらけだった熱海の中古物件はすでにおおむね売れてしまったようだし、〝リゾートマンションの墓場〟とも言われた越後湯沢でも中古物件のリノベーションを請け負っている友人が忙しくなりすぎて嬉しい悲鳴を上げている。

本格移住とまではいかなくても、東京に住所をキープしながら、リゾート地にテレワーク用マンションを購入して「2拠点生活」をする人が増えているわけで、奇しくも新型コロナ禍によって日本人のライフスタイルが多様化しつつあるのだ。

そういう変化の中で新たなビジネスチャンスがあるとすれば、「不動産交換」だろう。つまり、顧客の物件を買い取る時に、できるだけ新たな負担が少ない住み替え物件を紹介するというビジネスである。今も住宅の買い替え時にそれまで所有していた物件を下取りするサービスはあるが、もっときめ細かくて自由度のある不動産取引サービスにするのだ。いわば〝住宅版メルカリ〟である。そうすれば、買い替えに対する顧客の不安を解消することができ、潜在的なニーズを掘り起こせるはずだ。

前述のように、全国平均の空き家率は13・6%（2018年）に達している。このため、不動産の売り手と買い手が直接出会う掲示板サイトを運営する「家いちば」、空き家の仕入れ・リフォーム・販売を一気通貫で行なう「カチタス」、空き家を活用して定額制住み放題の多拠点生活などを提案する「ADDress（アドレス）」といった新しいビジネスが登場している。

この先は新型コロナ禍を逆手に取り、がらんどうになった都心のオフィスビルや商業ビルをマンションに改装して「不動産交換」ビジネスを展開すれば、大きな勝機があると思う。ピンチはチャンスでもあるのだ。

「半農半X」から「儲かる農業」まで

新型コロナ禍で「働き方」も大きく変わりつつある。場所に縛られず、地方に移住してオンラインで仕事する人も増えている。

たとえば「半農半X」というライフスタイル。自分や家族が食べる分の食料は小さい農業で自給自足し、残りの時間を「X」＝自分がやりたい仕事や好きなことに費やすという生き方で、農林水産省も農業・農地の新たな担い手として支援策を検討している。「半農半X」という働き方から、新たなアイデアが生まれてくるかもしれない。

その一方で、日本の農業は構造的な衰退に歯止めがかからない。農林水産省の統計によると、2020年の農家戸数は174万7000戸で5年前に比べて40万8000戸減少し、基幹的農業従事者（自営農業に主として従事した世帯員のうち、ふだん仕事として主に自営農業に従事している者）は136万1000人で、同39万6000人減った。基幹的農業従事者のうち65歳以上が占める割合は69・8%で、5年前に比べて4・9ポイント上昇。要は農家が大幅に減り、農業従事者の高齢化も年々進んでいるのだ。

そういう日本の農業がこれから取り組むべきは「儲かる農業」へのシフトだろう。すでにロボットやICT（情報通信技術）、AI、IoTなどの先端技術を活用した「スマート農業」を導入し、省力化や生産物の品質向上を図っている農家も珍しくないが、なお改善の余地はある。

私は食いしん坊なので、「食」と「食材」に対する関心は非常に高い。以前はネットスーパー「エブリデイ・ドット・コム」を経営して、新鮮でリーズナブルな農産物や水産物の仕入れに腐心していたし、今は熱海のリゾート温泉旅館「せかいえ」の経営者としてレストランで提供する美味しい食材の調達などを研究している。また、趣味のスノーモービルやオートバイで長野県をしばしば訪問し、その縁で何人もの生産者と知り合い、交流している。

そうした知己の中でも、飯山市の農家が鍋倉山の麓（なべくら高原）で作っている大根が絶品なので、大手スーパーの経営者に直取引してもらえないかと打診した。なぜなら、その生産者は「年間10万本抜いているので、1本100円もらえれば十分満足」と言うのだが、農業協同組合（JA）に出すと他の生産者の大根と一緒くたになった上に流通業者を経てスーパーや八百屋の店頭に並んだ時は1本400円前後になってしまうからである。つまり、生産者と消費者の間に介在している農協や問屋などが小売価格の75％ものマージンを抜いているわけだ。

また、飯山市のアスパラガスは太くてジューシーで最高だ。これも品質にうるさいレストランなどは農家から直接取り寄せている。北志賀高原の西斜面で作ったリンゴは12月中旬にもぎ取ると、蜜入りで実に旨い。それらの価値が分かる消費者が農家から直接購入するようになり、市場にはほとんど出回らない。このように特徴のある農産物はブランド化して「D2C（Direct to Consumer）」に近い仕組みを大々的に導入すれば、農家は今までよりもはるかに儲かるし、消費者は新鮮で美味しい食材を安く手に入れることができるようになる。

「三方よし」の新物流システム

魚介類では、大間のマグロ、大分の関あじ・関さばや城下かれい、積丹半島のバフンウニなどが流通も含めてブランド化されている。また、焼津「サスエ前田魚店」の前田尚毅氏は、いま一流料理人が最も取引したい魚の仲卸だ。

一方、農産物の場合、魚沼のコシヒカリや山形のサクランボ（佐藤錦）などブランド化したものがいくつかあるが、種や枝が拡散して原産地の20倍くらい出回っているという。新潟県では対策として「新之助」という米の新品種を開発し、テレビCMも展開している。

「D2C」の好例は、農業コンサルタント会社「エムスクエア・ラボ」が静岡県や首都圏などで展開している野菜の売り手と買い手をダイレクトにつなぐ新物流システム「やさいバス」だ。市場やＪＡ（農協）、商業施設などを「バス停」に設定して集配トラックを巡回運行させるという仕組みで、生産者と消費者は最寄りの「バス停」で新鮮な野菜を出荷・購入できる。売り上げの取り分は基本的に農家が85％、エムスクエア・ラボが15％だ。中間業者が介在しないから、当然、販売価格は安くなる。農家も消費者も得をして物流コストも削減できる「三方よし（売り手よし、買い手よし、世間よし）」のビジネスである。

市場では「５kg１万円」で売れているブランド米もある。そういう付加価値を認める消費者を見つけることさえできれば、農家はその人たちが求める高品質の米や野菜を作って儲けることができるのだ。

外出自粛中だからこそ価値が上がる

今や農業の技術革新は日進月歩である。たとえば第３章で紹介した「オプティム」は、ＡＩやＩｏＴやビッグデータを駆使し、ドローンやロボットが必要に応じてピンポイントで農薬や肥料を散布するテクノロジーを提供している。

漁業も同様だ。すでに漁師や漁業協同組合の中には水産物を全国の消費者に直接販売している例もあるが、流通革命という意味で有名なのは「羽田市場」だ。高級魚は地方の漁港から東京に陸送すると品質が劣化するため、空輸で羽田空港に着く。ならばＪＡＬとＡＮＡのコンテナ仕分け場の隣に市場を作ればよいのではないか、という野本良平社長の発想で誕生したベンチャー企業である。

その狙いが大当たりして当初は首都圏の高級料亭や有名レストランから注文が殺到したが、今回の新型コロナ禍で顧客の店が軒並み休業や時短営業となり、売り上げが激減した。そこで同社は一計を案じ、ネットショップ作成サービス「ＢＡＳＥ《ベイス》」を使って「プロが使うグレードの高い商品を一般のお客様に業者間価格で販売する」というコンセプトでｅコマースを始めたところ、大ヒットした。

野本社長によると、本人が真夜中にヤケ酒を飲んでいたら、娘さんが提案してくれたという。これも、いわばほぼ「Ｄ２Ｃ」であり、外出自粛で県をまたいだ移動も難しい状況だからこそ、生産者から消費者にダイレクト（もしくはワンストップ）で新鮮で高品質な食材をリーズナブルに届ける仕組みの価値が上がり、潜在的なニーズを掘り起こすことができたわけである。

要するに、農家は自分たちでブランドを作り、「農業経営者」にならねばならないのだ。農業がハイテク化、ブランド化して高収益「D2C」事業だとなれば、若者も殺到する。

一方、全国に584（2020年4月1日現在）もある農協は三つか四つに集約し、農業の6次産業化（農畜産物の生産だけでなく、食品加工、流通・販売にも取り組むこと）を推し進めて世界化すべきである。そうしなければ、高齢化・硬直化した日本の農業は、このまま衰退の一途をたどることになるだろう。

いずれにしても、重労働で若者に敬遠されがちだった農業も、やり方しだいでいくらでも稼げるビジネスになるということだ。

〝観光版〟日本列島改造論を提案する

新型コロナ禍で青息吐息となっているのが観光・旅行業界だ。旅行会社やホテル・旅館、さらに航空・鉄道会社などの交通機関まで、業績悪化に歯止めがかからず苦闘している。

これに対して政府は、莫大な予算を注ぎ込んで「GoToキャンペーン」事業を立ち上げたが、これほど評判の悪い政策も珍しい。菅首相は「新型コロナ対策と経済の両立」を掲げて「ＧｏＴｏトラベル」事業の継続を強行したものの、いわゆる「第三波」の感染拡大が止まらず、結局、２０２０年末から「ＧｏＴｏトラベル」の全国一斉一時停止を余儀なくされた。その結果、観光・旅行業界は二重三重のダメージを受けることになった。

私は「ＧｏＴｏ」事業が俎上に載せられた当初から雑誌連載などで、この政策は経営者が「自分で自分のサービスに対して適正な価格をつける」という最も神聖なプロセスを侵すものにほかならず、キャンペーン期間が終わったら元の木阿弥どころか観光・旅行業界にさらなる悪影響を与えると警鐘を鳴らしたが、政府はそれを全く理解していなかった。

また、「ＧｏＴｏトラベル」は、リタイアした高齢者や長めの休みが取得できる人には恩恵が大きい一方で、医療・福祉関係者や公務員、スーパーの店員などのエッセンシャルワーカーの多くは、新型コロナの職場内クラスター対策で旅行にも外食にも行けず利用しづらい現実がある。彼らも同じ税金を納めているのだから、これは極めて不公平だ。

しかも、政府はビジネス出張、自動車運転免許やダイビング免許を取得するツアー、１回の旅行で８泊以上の部分などを支援対象外にした。後出しジャンケンによるマイクロ・マネジメントの連発だ。

また、飲食店支援策「ＧｏＴｏイート」では、初回の支払い以降は付与されたポイントを使って何度でも繰り返し飲食できる〝無限ループ〟の錬金術が横行した。商店街支援策「ＧｏＴｏ商店街」とイベント支援策「ＧｏＴｏイベント」も利用できる商店街やイベントが募集制なので、納税者の立場から見ると、やはり不公平だ。つまり「ＧｏＴｏキャンペーン」は、欠陥だらけのお粗末極まりない愚策なのだ。

政府は２０２０年度の第二次補正予算に約１・７兆円の「ＧｏＴｏキャンペーン」事業費を計上し、期間を２０２１年６月まで延長して第三次補正予算でもさらに１兆円を積み増したが、こんな不公平なバラ撒きはさっさと中止すべきである。

その代わりに私が提案したいのは、インバウンドがなくなった今こそ、国内旅行需要を本質的に喚起する「観光版・日本列島改造論」を実行することだ。

かつて田中角栄元首相は、ヒト・カネ・モノの流れを巨大都市から地方に逆流させて地方分散する「日本列島改造論」をぶち上げ、「国土の均衡ある発展」を強力に推し進めた。それに倣って、今度は「観光インフラの均衡ある発展」を目指すのである。

もともと日本人が国内旅行に使う消費額は22兆円（宿泊旅行17・2兆円、日帰り旅行

4・8兆円／2019年）に上り、インバウンドの4・8兆円より格段に多い。外国人観光客が減った分を国内旅行需要で補うことは、さほど難しくないと思う。

「料理大学」を創設せよ

そのカギを握るのは、「料理」と「若者雇用」だ。

たとえば、今後の世界経済をリードするのはAIやIoTなどと言われているが、それらの分野ではすでに日本はアメリカや中国などの後塵を拝している。ならば、日本の将来を何で支えるのか？　日本人が世界的なリーダーになれる可能性がある分野――それは「料理」ではないかと私は考えている。

私自身、暇さえあればオートバイや車で国内各地を巡って食べ歩いているが、日本は全国あちこちに素晴らしい食材が山ほどある。

ただ、残念なことに、地方にはその食材を活かし切れる腕の立つ料理人が非常に少ない。そういう料理人（＝旨い店）は東京をはじめ京都、大阪、博多、金沢などに集中しており、それ以外の地域ではあまりお目にかからないのだ。実にもったいないことである。

だから日本は、インバウンドの復活も視野に入れて、国策として「料理」にもっと真剣に取り組み、今後10年くらいかけて料理人の人材養成と料理のレベルアップや多様化に注力すべきだと思うのである。

その具体策は「料理大学」の創設だ。日本の場合、料理の分野は専門学校しかないが、たとえば〝美食の街〟と呼ばれるスペインのサン・セバスチャンには、2011年に設立された料理専門の大学・大学院「バスク・カリナリー・センター」がある。私は昨年、同校を視察したが、世界中から集まった料理人志望者を相手に、世界の一流料理人が講師を務めるとともに、レストランの「経営」についても教えていた。

また、アメリカのニューヨークには世界最大の料理大学「カリナリー・インスティテュート・オブ・アメリカ」があり、約3000人の学生が料理に関する知識と技術を学んでいる。

それらを参考に、日本も政府と各自治体が協力して、料理人を養成する大学・大学院を創設し、経営や顧客満足度などが分かり、かつ腕の立つシェフや板前を輩出するのだ。そうすれば全国的な料理のレベルが上がり、国民（とくに高齢者）はいっそう旅行に出かけるようになって地方でお金を落とす——という好循環が生まれると思うのである。

もう一つのカギが、旅行関連で若者の雇用を創出することだ。現在の旅行会社の主力商品はパッケージ旅行だが、今後求められるのは「3密」を避けて安心・安全かつ充実した〝テーラーメイドの旅〟だと思う。したがって、その旅をサポートするガイドや運転手として若者を活用するのだ。

一例を挙げれば、私は秋田・角館、兵庫・姫路、大分・由布院など、観光人力車がある所では必ず利用する。料金はそれなりに高額だが、その土地のことについてはタクシーの運転手よりも人力車の車夫のほうが詳しいし、顧客の要望に応じたルート選定など、細やかな対応をしてくれるから満足度は非常に高い。

人力車以外にも、観光の質を上げるサービスや企業を支援して意欲がある若者の採用を増やしていけば、彼らが日本を知る良い機会になるし、内外の観光客に接することで経験値を上げることもできるだろう。

私自身、学生時代に通訳案内業（外国人観光客のガイド）を6年間やったが、その経験が人生の中では最大の財産になっている。

要は、テーラーメイドで日本の食や景色を楽しめる旅を創っていく──それが今後のこの国の繁栄につながると思うのだ。キャンペーン期間が終わったら需要が萎んでしまうことが明らかな「ＧｏＴｏ」で税金（＝将来世代からの借金）を食いつぶすのではなく、若者たちに希望と雇用をもたらす政策を考えるべきである。

そして、こうした分野でも新ビジネスの〝芽〟はあると思うのだ。

「美食の街」の作り方

シニア世代のビジネスという観点で考えれば、ビジネスチャンスがあるのは、やはり「食文化」だろう。

私は山形県鶴岡市を何回か訪れたことがあるが、有数の米どころである庄内平野に位置し、山海の珍味が豊富だ。砂丘メロンの鶴姫レッドや庄内柿、だだちゃ豆、民田なすなどの農産物はもとより、日本海でとれた寒鱈や桜鱒、岩ガキなど海産物もおいしい。空港の愛称も、「おいしい庄内空港」にしてしまった。ところが残念なことに、まだ料理人が育っていない。素材は豊富だが、誰もが訪れたくなる「これぞ鶴岡」という食文化を生み出すには至っていない。

スペイン・カタルーニャ地方の地中海に面したジローナという町に、年間200万件の予約が殺到し、「世界一予約が取れない」と言われた「エル・ブジ」というミシュラン三つ星レストランがあった。フェラン・アドリアという天才料理人が始めたレストランで、瞬く間に世界中の食通を虜にしてしまった。そういう天才料理人が1人でも出現すると、全体的にその町の食文化を押し上げる。

先に触れた〝美食の街〟サン・セバスチャンもそうだ。人口20万人に満たない都市だが、世界中から観光客が押し寄せている。新バスク料理の巨匠ファン・マリ・アルサックがオーナーシェフを務める「アルサック」、食科学の名誉博士号を持つマルティン・ベラサテギの「マルティン・ベラサテギ」（私は個人的にはこの店が、いま世界最高のレストランだと思っている）、「エル・ブジ」で修業したアンドニ・ルイス・アドゥリスがオーナーシェフの「ムガリッツ」、眺望絶景の「アケラレ」など、ミシュラン星付きレストランがいくつもあるのだ。

有名レストランの周辺には、「バル」と呼ばれる飲食店が100軒以上あり、そこではスペイン流サンドイッチの「ピンチョス」や、小皿料理「タパス」を楽しむことができる。客は各店の名物タパスやピンチョスを求め、ワインを飲みながらバルをはしごする。バル巡りツアーが組まれるほどで、今ではサン・セバスチャンは「美食の聖地」とさえ呼ばれている。名物シェフや名物レストランによって世界中から観光客が押し寄せ、町が活性化している好例だ。

しかし、以前はそんな町ではなかった。将来に対する危機感を持った若手が立ち上がり、数年かけて町を「美食の聖地」へとブランディングしていったのである。

このように「エル・ブジ」やサン・セバスチャンの成功から分かるのは、おいしい料理や腕の立つ料理人には、人を吸引する力があるということだ。鶴岡市も、全国から名うての料理人を招聘して、自慢の地元食材を使って最高の料理でもてなす〝美食の街〟を目指すべきだと思う。優秀な料理人の存在が従来の食文化にも刺激を与え、相乗効果で鶴岡市の食のレベルが上がり、観光地としての人気も高まっていくはずだ。

茨城を人気県にする秘策

鶴岡市だけでなく、せっかく素晴らしい食材がありながら、それを活かしきれていない残念な町が日本には多い。

たとえば、おいしいお米といえば、多くの日本人が新潟県の「南魚沼産コシヒカリ」を真っ先に挙げるだろう。ところが、肝心の産地・南魚沼市をどんなにネットで検索しても、おいしい料理屋が出てこない。実際、現地に足を運んで探したこともあるが、蕎麦屋やファミレスばかりで肝心の和食料理店が見つからない。

南魚沼産コシヒカリをメインに、地元産の食材を使った気の利いたおかずが1、2品用意されれば、それだけで「行って食べてみよう」と思わせるはずだ。しかし、そうした店がない。仮にあったとしても、全く宣伝されていない。地元・南魚沼市に人を呼び込もうという発想が、そもそもないのである。

同様に残念な自治体が、茨城県である。

茨城は、全国3万人の消費者が各地域のブランド力を評価する「47都道府県魅力度ランキング」（ブランド総合研究所）で、2013年から7年連続で全国最下位という不名誉な記録を打ち立ててしまった。NHKの連続テレビ小説『ひよっこ』（2017年度上半期放送）では、主人公（有村架純）の出身地として舞台になったにもかかわらず、だ。ドラマを追い風にすべく、ロケ地になった県北部の6市町が「茨城県北『ひよっこ』推進協議会」を設立するなど攻勢を仕掛けたが、結果には結び付かなかった（ようやく２０２０年に8年ぶりに最下位を脱出して42位に浮上し、ニュースになった）。

だが実は、茨城は食材に恵まれた県なのだ。生産量だけ見ても、日本一なのが、れんこん、はくさい、ちんげんさい、みずな、レタス、ピーマン、メロン、くり、鶏卵、まいわし、えび類、さば類、こい……と枚挙に暇がない（茨城県ホームページより／２０２０年12月12日更新）。他にも、カリフラワー、エシャレット（いずれも1位）、さつまいも、ごぼう、せり（いずれも2位）……と野菜も盛りだくさん（野菜情報サイト「野菜ナビ　www.yasainavi.com」より）で、ブルーベリー（２位）、スイカ（７位）、イチゴ（７位）……と果物も豊富だ（果物情報サイト「果物ナビ　www.kudamononavi.com」より）。

茨城は県土の大半を平地が占めるため、古くから農業県として栄えてきた。農業産出額では、北海道、鹿児島県に次いで3位である（農林水産省「平成30年　農業産出額及び生産農業所得」）。また、黒潮と親潮の合流地域に漁場を持つため漁業も盛んで、漁獲量は北海道に次いで全国2位だ（農林水産省「平成29年　海面漁業生産統計調査」）。

　これだけ日本トップクラスの素晴らしい素材がそろっているにもかかわらず、茨城は「魅力度ランキング」で7年連続最下位だったのである。鶴岡や南魚沼と同じように、食材とおいしい食事のマッチングに失敗しているのだ。彼らは、東京に食材を出荷するだけで満足してしまっている。

　たとえば、タイのバンコクに「ガガン」というレストランがある。「アジアのベストレストラン50」で4年連続トップを取り、現在「アジアナンバーワン」と謳われるインド料理の店だ。ここのシェフは、ガガン・アナンドというインド出身の料理人で、あのフェラン・アドリアの「エル・ブジ」で修業した経歴を持ち、インド料理ならではの多彩なスパイスを隠し味に斬新な料理を提供し続けている。この店にやってくるのは、地元バンコクの住民だけでなく、欧米をはじめとする様々な国の人たちだ。ボーダレス時代の今、有名なシェフの店には世界中から食通が押し寄せるのだ。

　では、茨城と聞いて名前の挙がる有名シェフがいるだろうか。私は寡聞にして知らない。少なくとも、シェフの名前で遠方から客を集めているレストランはないと思う。

だったら、それを作ってしまえばよい。茨城に、サン・セバスチャンを誕生させるのだ。全県では広すぎるので一都市（たとえば大洗町、または水戸市）に絞り込み、そこにミシュラン星付きクラスのレストランを複数誕生させる。そしてそのレストランを中核に、おいしいつまみと酒を提供する一杯飲み屋が並ぶ街をつくるのだ。「地産地消の美食の街」の創造である。「おいしいものを食べに茨城に行こう」と、食べ歩きの町としてアピールしていけば、人は集まる。「47都道府県魅力度ランキング」の〝最下位争い〟を脱出する突破口になるはずだ。そのカギは食材ではなく、料理人の確保なのである。

こう考えていくと、魅力的な食材のある町、空き店舗、腕の立つ料理人……こういうものをマッチングするというアイデアが浮かぶ。何も自分で料理を作ったり、一からレストランを用意したりする必要はない。空き家を活用するというアイドルエコノミーの発想で、空き店舗と地域のニーズと料理人をうまく組み合わせる。それがビジネスというものだ。

鶴岡や茨城のような残念な例は、日本中いたるところにある。彼らは自分たちの強みに気づいていない。言い換えれば、そうした場所にこそ新たな「食ビジネス」の種が無数に埋まっているのである。

第6章［終活編］
稼いだお金は死ぬまでに使い果たそう

退職金はあてにならない

もし、あなたが退職金をあてにした老後のプランを組み立てているとしたら、早々にそのプランは破棄したほうがよい。

すでに日本では、退職金そのものを廃止する会社が出始めている。２００３年には９割近い会社が退職金給付制度を導入していたが、厚生労働省の「就労条件総合調査結果」によれば、２０１８年の導入割合は80％に減少している。

また、２０１８年の時点で、過去３年間に退職金制度の見直しを行なった企業の割合は９・３％、今後３年間に見直しを行なう予定がある企業の割合は７・４％だ。

退職金自体も減っている。

大学卒業後ただちに会社に入社した勤続35年の男性サラリーマンの退職金は２００５年には平均２４６９万８０００円だった。ところが、その10年後の２０１５年には、同条件の退職金が何と１９７８万１０００円にまで減っている。10年間でおよそ５００万円も減額されてしまったのだ（中央労働委員会「賃金事情等総合調査の概要」）。日本企業の体力

図表6 **全国企業倒産件数・負債件数の推移**

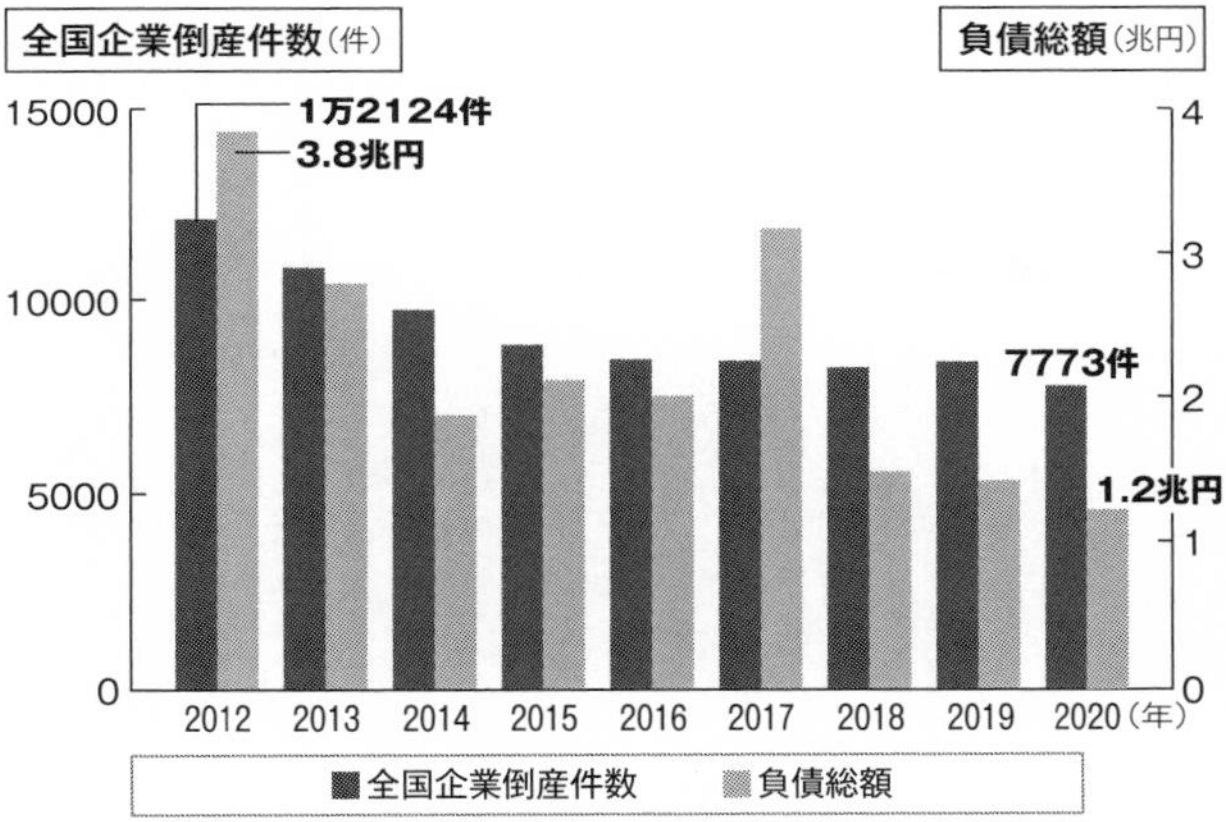

東京商工リサーチ「全国企業倒産状況」

は低下している。今後も退職金減額の動きは続いていくだろう。

そもそも企業自体が安泰ではない。

ここ数年の全国企業倒産（負債総額1000万円以上）の件数は図表6の通りだ（東京商工リサーチ「全国企業倒産状況」）。

倒産件数は2009年からほぼ前年を下回る傾向が続いており、2020年は新型コロナウイルス禍に襲われたものの、さらに前年より減った。しかしこれは、東京商工リサーチの分析によれば、「コロナ禍の各種支援策」（雇用調整助成金の特例措置や持続化給付金、家賃支援給付金など）に支えられたことも影響している。

毎年これだけの会社が倒産している上、今後は新型コロナ禍の影響が本格化して倒産件数が増える可能性もある。その対象があなたの会社でない、と言い切れるだろうか。自分の会社が突然つぶれる可能性は常にある。会社が倒産してしまえば、退職金などもらえるはずもない。日本航空、東芝、シャープなどを見れば明らかなように、つぶれないまでも買収される、リストラされる……会社に入ってしまえば定年まで安泰、という時代はとうに終わっているのだ。

あてにしていた金額を受け取れないだけでなく、退職金はなくなる可能性すらある。つまり、「退職金をもらえたら儲けもの」くらいの心持ちで、「退職金に頼らない老後生活」を計画する必要がある、ということだ。私が「月15万円稼げ」と説くのは、退職金に頼らずに生きるための発想でもあるのだ。

ファンドラップに手を出すな

仮に退職金を受け取れたとしよう。

バブル期は銀行預金の金利も高く、普通預金でも2％超、定期預金に至っては6％超だった。5000万円の定期預金があれば、金利だけで年間300万円。預金の金利で生活が可能だったのである。現在は、定期預金でも、ほとんど金利はつかない。1％以上のものはなく、0・1％を超えるものさえ稀だ。銀行に漫然とお金を預けておけばよい、という時代はとっくに終わっている。

では、どうすべきか。

ファイナンシャルプランナーならば、株や投資信託やFX（外国為替証拠金取引）への投資を勧めるだろうが、私に言わせれば、それは大きな間違いだ。バブル期を経験しているシニア世代は、どこかにまたバブルが来てほしいという潜在的な思いがあるかもしれない。たしかにバブル期は、日経平均株価が終値で3万8915・87円を記録した（1989年12月29日）。この記録は、それ以来破られていない。

だが、株で儲ける時代はすでに終わりを告げ、投資信託でさえ、手堅く利益を得ることがかなわなくなった。各国で金融緩和が続く中で投資マネーが株に流れた結果、世界的に株価が上がっているが、企業業績を反映していない〝バブル〟と言ってよい。

2008年のリーマン・ショック後は世界経済が不安定化し、その流れは依然変わっていない。そこに新型コロナ禍が重なって、各国の株式市場や債券市場は乱高下し、売買のタイミングが非常に難しくなっている。そもそも私は、ファイナンシャルプランナーで好成績を上げている人を、寡聞にして知らない。

為替市場も同様だ。

以前は円、ドル、ユーロに加え、カナダ、オーストラリア、ブラジルなどの資源国や、インド、トルコといった新興国の通貨に分散投資することがヘッジ策とされていたが、今は違う。それらの国の経済は、中国経済の減速に伴う資源価格下落などの影響で低迷し、通貨も暴落している。たとえば、カナダはリーマン・ショック後の立ち直りが比較的早く、2013年前半までは1ドル＝1カナダドル前後で推移していたが、2014年中頃から原油価格が下落し始めたことを受け、2015年には1ドル＝1・4カナダドルまで暴落した。今は少し持ち直しているが、こうした不安定な動きが各国で起こっており、もはや資源国や新興国の通貨に投資して儲けるのは、至難の業と言っても過言ではない。

その上、日本をはじめとする大半の先進国は今や超低金利だ。

たとえば、ユーロの取引量は米ドルに次ぐ世界第2位だが、欧州中央銀行（ＥＣＢ）は２０１６年３月から金利０％を継続している。イギリスは、２０１７年11月に10年ぶりの利上げを行なったが、それでも０・５％である（２０１８年８月には０・７５％に利上げした）。この結果、金融商品をいくらうまく組み合わせて運用したとしても、利益が出にくい状況になっているのだ。

一例は、金融機関が力を入れている「ラップ口座」（ファンドラップ）だ。ラップ口座とは、投資家が証券会社などの金融機関にまとまった資金を預け、資産管理・運用を一任する専用口座のことだが、日本投資顧問業協会によれば、その資産残高は２０２０年９月末で10兆１１７５億円と過去最高を記録した。同年３月末に比べて２兆円以上増え、初めて10兆円台に乗せた。契約件数も１１２万７７７９件と過去最高を更新。個人資産がファンドラップに流れていることを窺わせる。

しかし、ラップ口座を維持するためには基本報酬を金融機関に支払う必要があり、さらに信託報酬もかかる。合わせて約３％。仮に１０００万円をファンドラップに預けた場合、自動的に年30万円が消えていくのである。ファンドラップが年５％の運用実績を上げたとしても、手元に残るのは2％だ。

しかも、金融機関自身は自分たちで勝手に様々なファンドに投資している。アクティブファンドへの投資ならば、1％以上の手数料がかかる。この手数料を負担するのは金融機関ではない。つまり、彼らは顧客の資金でそうした手数料などを支払っているのだ。おそらくトータルで10％くらい抜かれる格好になるのではないか。金融機関がラップ口座に力を入れている理由が、これでお分かりだろう。彼らは手数料で〝濡れ手に粟〟を目論んでいるのである。

そもそも一企業が手がけるファンドは信用ならない。もし、運用担当者が本当に儲かる投資のアイデアを思いついたとしたら、独立して自分で始めるはずだ。しょせんはサラリーマンがリスクを取らず、「誰に最後にババを引かせるか」というゲームをやっているにすぎない。自分の資産でリスクを取って勝負している個人ファンドとは、そもそも異なるのである。

アパート経営はもってのほか

となると、虎の子の資産を増やすためには、金融商品以外のものへの投資を検討すべきだろう。第5章で、私は不動産の建て替えによる家賃収入や、空き家を活用したビジネスの可能性を説いた。だが、これを通常の不動産投資と混同してもらいたくない。

世間一般の言う不動産投資の一つは、たとえば不動産会社と組んだアパート経営だろう。その際の彼らの謳い文句になっているのが、「サブリース」——不動産会社が住宅を一括で借り上げ、それを家賃保証して転貸するというシステムだ。借り手の募集から修繕まで、不動産会社がすべてやってくれる上、空室の有無にかかわらず、家賃を定額保証してくれる。オーナーからしてみれば、夢のようなシステムに思えるかもしれない。

だが、契約書の細かい文言を一字一句読んでみると、必ず「一括借上賃料については、経済事情の変動、近隣相場家賃、賃借需要の変動等を勘案した上で、原則として2年毎に見直しの協議を行なう」というような但し書きが記されている。つまり「〇年間家賃保証」というのは、ただのキャッチコピーであり、客を集める撒き餌にすぎないのだ。アパートオーナーとして左団扇《うちわ》の生活を夢見て1億円、2億円と借金をしてしまった日には、遠からず、その借金で首が回らなくなる可能性が高いのである。

実際、女性専用シェアハウス「かぼちゃの馬車」を運営していた「スマートデイズ」は、「サブリース30年間家賃保証」「投資利回り8％以上」を謳って資金を集めていたが、2018年5月に破産してしまった。負債総額は60億3500万円、債権者は911人（このうち物件のオーナーは675人）。オーナーへの家賃の未払分は総額23億円に達しているという。この時、オーナーが購入した土地・建物の平均融資額は1億円である。オーナーに対する融資を一手に引き受けていたスルガ銀行のやり方も周知の通り、不正にまみれた無責任なスキームだった。

サブリースの問題点は二つある。一つは、1億円以上の借金を背負うところからスタートすることだ。完済するまでにいったい何年かかるのか。あまりにも無謀である。

もう一つは、長期間の家賃保証などあり得ない、ということだ。担当者から経済事情の変動や近隣の相場家賃を持ち出され、早々に減額されるに違いない。なぜなら、賃貸住宅は毎年40万戸前後も着工され続けているからである。

国土交通省の「住宅着工統計」によれば、2013年は37万5000戸（全体の新築着工件数は98万7000戸）、2014年は36万6000戸（同88万戸）、2015年は39万戸（同92万1000戸）、2016年は43万3000戸（同97万4000戸）……という具合である。

近年は減少傾向にあり、毎年30万戸台に落ち着いているが、少子化で人口減が確実な日本の場合、世帯数が右肩上がりで上昇することはない。それは誰もが理解しているだろう。にもかかわらず、新築賃貸住宅が毎年30万戸増え、空き家率が上昇し続けているのである。そういう状況の中で、長期間の家賃保証などあり得るだろうか。冷静に考えれば、「あり得ない」という解を得るのはそう難しいことではない。

リートに上がり目なし

では「リート（REIT／Real Estate Investment Trust）」はどうか。

リートとは、投資家から集めた資金を株や債券の代わりに不動産に投資して、その賃料収入などから得られた利益を投資家に分配するという「不動産投資信託」だ。世界のリート市場の規模は、2020年3月末現在、代表的な指数の時価総額で約117兆4800億円に上っている。日本だけでも11兆7900億円だ（三井住友トラスト・アセットマネジメント調べ）。

だが、今からリートに投資するとなると、すでに時機を逸している。タイミングが遅い。端的に言えば、「弾《タマ》不足」なのだ。

リートは、投資家にキャッシュフローを配分している。その場合のキャッシュフローとは、賃貸の収益から、様々な費用の支出を控除した後、手元に残る資金などのことだ。つまり「賃貸料」の多寡で配分が変わってくる。この賃貸料が問題なのである。

都内では、2020年（新型コロナ禍で延期）の東京オリンピック・パラリンピックを見据えて大型のホテルやオフィスの開業ラッシュが相次ぎ、大規模オフィスビルの大量供給が続いた。

こうしたオーバービルドに加え、東京のオフィスビルの賃料相場も頭打ちが続いている。2001年以降に限って言えば、リーマン・ショック直前に1坪あたり4万5513円の高値を付けていたが、リーマン・ショック後は急激に下がり、その後徐々に回復したものの、2015年以降は平均3万5000円で頭打ち。2017年は、3万4401円だった（三幸エステート「オフィスレントデータ」）。にもかかわらず、2018年から

2020年にかけて大型ビルの新規開業ラッシュが続いたのだ。

そして、ダメを押すかのように2020年は新型コロナ禍に襲われ、第5章で解説した通り、都心のオフィス需要は一気に萎んだ。仮にコロナ禍が収束したとしても、テレワークに慣れた人々が再び通勤ラッシュが当たり前の日常に戻るとは考えにくい。となれば、都心に大規模オフィスを構えるのをやめる企業が相次ぐことになるだろう。

借り手がいなければ、賃料は確保できない。そもそも建築主が想定している賃料が高い。となれば賃料は引き下げざるを得なくなり、必然的にキャッシュフローもなくなる。つまり、配当がない。当然の理屈だ。結局、キャッシュフローのない不動産である以上、いくら小口細分化した債券として売り捌いたところで、配当は期待できないのである。

仮想通貨の危険性

では、投資先として仮想通貨はどうか。

まず理解してほしいのは、「通貨」はいつの時代も、その時代のテクノロジーが成立の背景となっている、ということである。たとえば、金貨や銀貨や銅貨を同じ大きさ、同じ重さで大量に作るためには鋳造と貨幣製造という技術革新が必要だった。同じく紙幣も、偽造しにくい紙幣を大量に印刷するという技術に支えられている。こうした「先端技術」は、当時、国家しか持ち得ないものであり、ゆえに通貨の価値を保証することにもなった。技術への信頼と貨幣への信頼がイコールだったのである。

その後、近代になって「国民国家」が成立すると、通貨は国民国家による信用を背景としたものになった。権威を有する中央銀行が輪転機を回し、通貨を提供するようになったのだ。

ところが現在、その中央銀行の権威が失墜し始めている。日本銀行しかり。無秩序に大量のお金を刷り続け、カネ余り現象を引き起こしてしまっている。一説には、世界中に余っているお金の総額は、数千兆円になるという。

そんな中、登場したのが仮想通貨だ。

ビットコインなどの仮想通貨は、「ブロックチェーン」という新技術によって成立している。

ブロックチェーンとは、ネットワーク上で対等な関係にあるコンピューター間を相互に直接接続してデータを送受信する通信方式（P2P）と、暗号技術を組み合わせたものである。これを応用すると、データの改竄が事実上不可能になったデータベースができる。たとえば「仮想通貨の残高」などを、数多くのコンピューターの協力で改竄できなくする技術だ。これにより、ネット上の仮想通貨の信頼性や決済機能が支えられる。つまり、新しいネットワークのテクノロジーが、サイバー空間に「通貨＝信用」を生み出したのである。遠くない未来、国家が作り出してきた「通貨」は、最終的に必要なくなるだろう。

ただし、今は時期尚早だ。仮想通貨の時価総額は、2018年の初めに8300億ドル（91兆3000億円）まで膨らんだが、その後8分の1まで急落した。この事実が示す通り、投資先として仮想通貨を見た場合、「やめるべきだ」という唯一の選択肢しか用意することができない。

なぜか？　現在の仮想通貨は、誰も保証していないからである。通常の通貨の中央銀行にあたる存在がなく、メカニズムだけで動いている。また、金やプラチナなどと違い、実体もない。政府やモノという裏付けとなるものが全くないのだ。

通貨には「決済機能」「価値貯蔵機能」「価値尺度機能」という三つの機能が必要だが、

BIS（国際決済銀行）が指摘するまでもなく、仮想通貨はそのいずれも満たしていない。

私は早くから仮想通貨への投資に警鐘を鳴らしてきた。その理由は中国の保有率の高さにあった。中国は一時期、世界のビットコイン取引量の90％以上を占めていたのである。その背景には、中国の厳しい外貨規制があった。海外送金や、元とドルとの両替の際、当局による事前審査を義務付けたため、それを嫌った中国の富裕層が海外送金の抜け穴として仮想通貨を利用していたのだ。

であれば、中国政府が仮想通貨を規制した時点で暴落するのは目に見えている。事実、中国で2017年9月にICO（イニシャルコインオファリング／仮想通貨を集める形式の資金調達）を禁止した際、中国の大手仮想通貨取引所は閉鎖に追い込まれた。これによって仮想通貨が暴落したことは言うまでもない。

2021年に入って、米テスラのイーロン・マスクCEOが突如ビットコインへの投資を発表したことで、一気に仮想通貨の時価総額が上がり、1・5兆ドル（約160兆円）を突破した。今後の行方が注目されるが、仮想通貨はいわばルーレット。投資ではなく、単なる博打なのだ。必勝法もなければ法則もない。ルーレットのように、当たるか外れるか。短期の売買を繰り返して「儲かった」「損した」と騒いでいるだけで、投資先として長期に保有するような性格のものではないのである。もしかすると将来は安定するかもしれないが、本書の趣旨からすれば1日で20％も乱高下するものに老後を賭けてはいけない。

人に投資せよ

すでに何度も説いてきたように、人の褌《ふんどし》で相撲を取るよりも、自分で「無から有」を生み出したほうが何倍も何十倍もうまみがある。月15万円の収入を得るなら、投資よりも「起業」である。

私が唯一、積極的に投資するものは、金融商品や仮想通貨ではない。「人」だ。

私は、起業家を養成する「アタッカーズ・ビジネススクール（ABS）」の塾長や、MBAプログラムを設置した「ビジネス・ブレークスルー（BBT）大学」の学長を務めているが、ここからは多くの教え子たちが巣立っていった。彼らが起業する際、私はフェーズ・ゼロの段階で出資するのだ。

たとえば「アタッカーズ・ビジネススクール」は1996年の開講以来、6100人以上が卒業し、その中からすでに約810社が誕生している。そして、会員制SNS「mixi（ミクシィ）」、健康関連商品を扱う通販サイトを運営する「ケンコーコム」、法律ポータルサイトを運営する「弁護士ドットコム」、総合型クラウドソーシングサイトを運営する「クラウドワークス」、寝具・リビング用品事業を手がける「丸八ホールディングス」、実名型グルメサービス「Retty（レッティ）」など、13社が株式を公開している。

こうした教え子の企業や、マッキンゼー時代の同僚が興した会社から求められたら、私は迷わず出資すると決めている。少額投資ではあるが、その結果、私がマッキンゼーに勤務していた23年間の給料の総額よりも、彼らに対する投資からのリターンのほうが多いという、ありがたい状況になっている。

フェーズ・ゼロ——リスクが最大の創業時に投資するわけだが、IPO（新規株式公開）にいたるのは約7％。1000品目を開発してもヒットするのは3品目くらいというビジネスの格言を千に三つで「センミツ」と言うが、これは割合に直すと0・3％。約7％というのは、非常に確率が高いと思う。

つまり、株や債券が期待できないこの時代、唯一、大きなリターンが期待できるのは

「人への投資」なのである。

考えてもみてほしい。上場している大企業の株価が、大きく跳ね上がることがあるだろうか。不祥事を起こして大幅に下落することはあっても、大幅な上昇は考えにくい。だが、株式公開前の生まれたばかりのベンチャー企業なら、無限の可能性がある。成長が見込める分野を見つけ出し、その中の有望なベンチャー企業や若手起業家に出資する。それこそ自分の資産を大きく増やす方法ではないだろうか。

「人への投資」でやりがいも得る

自分の老後に不安を抱えているのに、なけなしの資金をそんな海のものとも山のものともつかぬ人材に投資したくない。投資できるのは余裕のある人間だけだ——。そう考える人も少なくないだろう。

だが、「人への投資」は資産家だけに可能なことではない。最近は日本でもクラウドファンディングの普及や、ベンチャー・インキュベーション事業の増加によって、少額の資金でも投資できる環境が整い始めている。

「人への投資」は、他にもメリットがある。

株や投資信託、ＦＸなどと異なり、その事業が自分のキャリアを活かせる分野であれば、それまでに培った知識や経験、判断力、人脈などをフル活用して若い起業家を育てる、という楽しみを持つことができる。つまり「人への投資」は、資産を増やすだけでなく、「人生のやりがい」や「生きがい」を手に入れるということでもあるのだ。

高齢者になっても働く人が増えているが、厚生労働省の「高齢社会に関する意識調査」（２０１６年３月）によれば、高齢期になって就業を希望する理由は「経済上の理由（68・１％）」が最も多く、「生きがい、社会参加のため（38・７％）」「健康上の理由（23・２％）」と続く（回答者全員の平均）。

この調査は40歳以上の人を対象に行なっているのだが、実は年齢によって働く理由が大きく異なっている。60歳未満のまだ高齢者ではない人は、７割以上が高齢者になっても働きたい理由として「経済上の理由」を挙げているが、当事者（高齢者）が働く理由は違う。「経済上の理由」を挙げた60～69歳は53・６％、70～79歳は44・６％、80歳以上は33・３％と、年齢が上がるとともに割合が下がっていくのだ。

図表7 70歳以上が働く理由は「生きがい」が1位

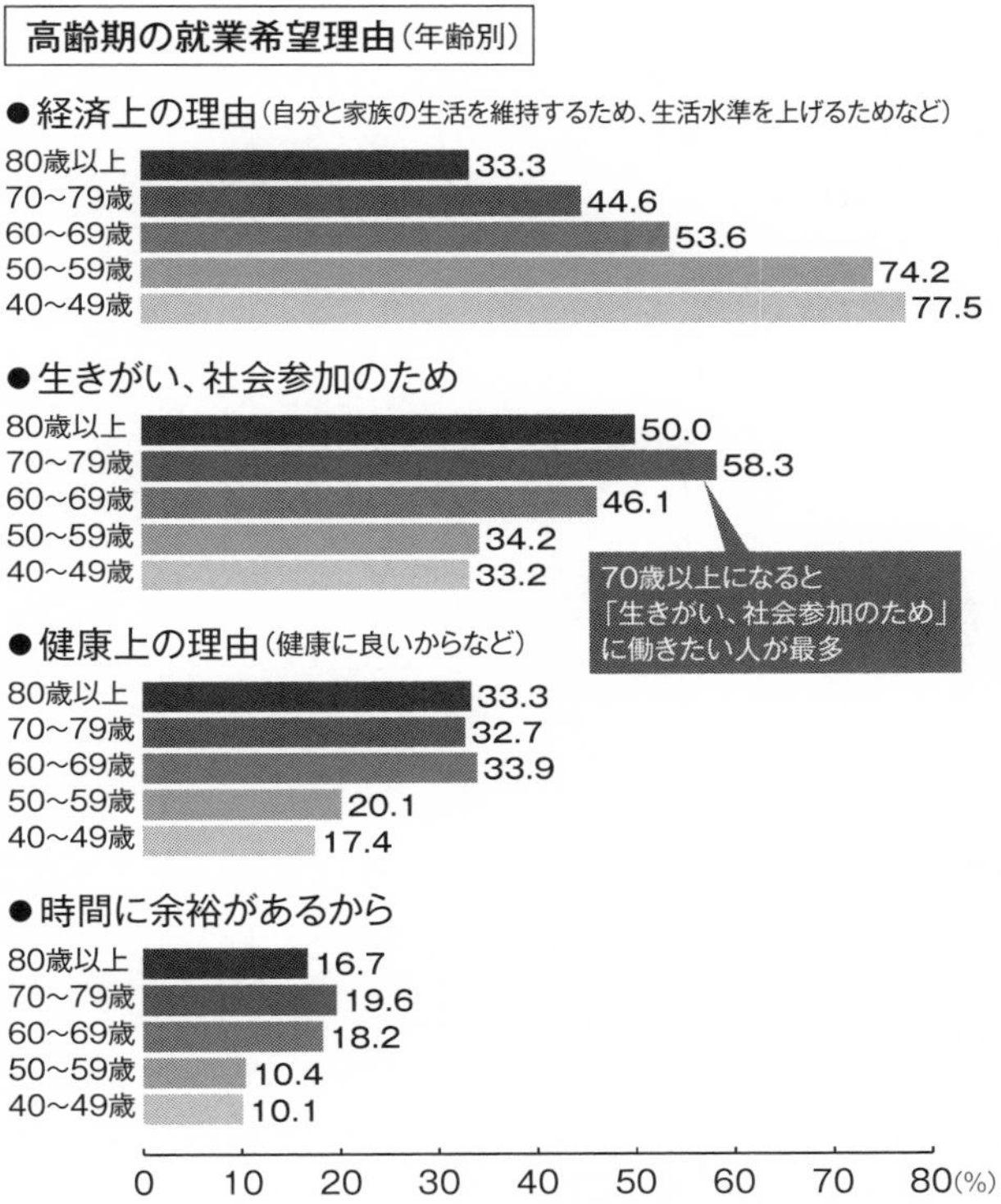

厚生労働省「高齢社会に関する意識調査」より

代わりに中心を占める理由が「生きがい、社会参加のため」だ。60歳未満は3割台にすぎないが、60〜69歳は46・1％、70〜79歳は58・3％、80歳以上は50・0％と高く、とくに70〜79歳、80歳以上では就業希望理由の第1位である（図表7）。

つまり、高齢期を迎える前までは漠然と経済的不安を抱え、会社を定年退職した後も働かねばならないと考えるが、実際に高齢者になってみると、働くことで自分が得ようとしていたことは「生きがい」だった、と気づくのである。だとすれば、なおさら「人への投資」を積極的に行ない、若い起業家を育てることを考えるべきではないか。これは自分を若く保つ秘訣でもある。

自分がメインプレイヤーになる必要はない。もうひと花咲かせる必要もない。脇役に徹し、自分の経験とスキルを後進に伝えればよいのである。これは自分の老後の居場所づくりにもつながるのではないだろうか。

エンジェル投資家になろう

アメリカでは「エンジェル」という存在が当たり前である。

エンジェルとは「エンジェル投資家」、あるいは「ビジネスエンジェル」とも呼ばれ、創業間もないベンチャー企業への小口資金提供や経営アドバイスを行なう個人投資家のことをいう。

たとえば、GE（ゼネラル・エレクトリック）やIBMなどの大企業を退職した人たちは、OBのネットワークによって将来有望な若い起業家の情報を入手し、活発に投資を行なっている。また、アメリカのエリート高校や有名大学は卒業生の結束が強いため、そのネットワークを利用して母校の後輩の中からダイヤモンドの原石を発掘し、そこに投資するケースも少なくない。自分が住んでいるコミュニティの中で優秀な若者を見つけて投資するというパターンもある。成功したベンチャー起業家が後進に投資する例も多い。

アメリカのエンジェル投資家の多くは、投資するだけでなく、若い起業家の相談相手となり、会社を立ち上げる際は、ボードメンバー（取締役会の役員）に加わる。企業の管理職経験者がボードメンバーに入ることは、ベンチャー企業にとっても銀行やファンドが安心して融資しやすくなるなどのメリットが計り知れない。

「ウーバー・テクノロジーズ」（2009年設立）、「エアビーアンドビー」（2008年設立）、2億人のユーザーを抱える写真共有Ｗｅｂサイトを手がける「ピンタレスト」（2010年設立）……。

これらの企業はいずれも創業から10年程度の会社だが、時価総額はそれぞれ1007億ドル、194億ドル、444億ドルに達している（2021年3月1日時点）。これらの会社は新しいビジネスモデルを提案する「スタートアップ企業」であり「ユニコーン」とも呼ばれるが、アメリカでこうしたアイデアを持った野心的な会社が雨後の筍のように登場し続けるのは、エンジェル投資家の存在が大きいと言えるだろう。彼らの存在が起業のハードルを下げ、それがアメリカのビジネス全体に刺激を与え続けているのである。

日本のエンジェル税制は間違っている

では、日本はどうか。

みずほ情報総研がまとめた資料によれば、日本とアメリカの「エンジェル投資」（2018年）を比較すると、日本のエンジェル投資額約43億円に対して、アメリカはその600倍の約2兆5505億円。ベンチャーキャピタル投資額は、日本が2706億円で、アメリカは約14兆4637億円。大人と子供の差がある（「令和元年度　中小企業実態調査事業」より）。

これには税制の違いもある。アメリカの場合、株式などの売却損は給与所得や事業所得などと相殺することが可能で、所得金額を圧縮することができる。仮にベンチャー企業への投資に失敗しても節税というかたちになり、投資のリスクは軽減される。しかも、所得金額と損益通算ができる期間は無期限なので、より投資しやすい。

日本では、1997年の税制改正で「エンジェル税制」という投資家優遇税制が設けられたが、アメリカと異なり、株式などの売却損はその年と翌年以降3年の他の株式譲渡益としか相殺できない。投資メリットがあまりないのだ。

欧州に目を転じても、たとえばイギリスでは、直接投資の場合は100万ポンドまでの投資について、投資額の30％を税額控除する。仮に所得税200万円を払っている人が500万円投資した場合、500万円×30％＝150万円が税額控除されるので、実際に支払う所得税は50万円となる。これは大きい。日本の場合は、企業への投資額をその年の総所得金額から控除するので、そこまでの優遇が受けられない。

欧米ほど「人への投資」が活発でないのは、日本の中途半端な「エンジェル税制」が、足を引っ張っているという側面があるのだ。これは早急に制度改革する必要があるだろう。

しかし、それでも日本人――とくにシニア世代は「人への投資」をもっと積極的に行なうべきだ、と私は考える。株や投資信託やFXに手を出して日経平均株価や為替に一喜一憂するより、新しい会社の成長を見守るほうが、はるかに健全である。日本社会の発展に貢献しているという意義も見いだせるだろう。しかも「人への投資」は、株や投資信託よりリターンも大きいのだから。

「人生百名所」旅行のススメ

よい投資先が見つからないからといって、くれぐれも貯蓄に回そうとは考えないでいただきたい。シニア世代が将来のお金を蓄えたとして、それはいつ必要になるのか。「万が一のため」と大金を銀行に預けっぱなしにした挙げ句、そのまま息子や娘に相続されてしまうのが関の山ではないか。「万が一」が心配ならば、保険でカバーしておけばよい。

全国のシニア（50～79歳）の男女1000人に現在の楽しみを聞いたところ、上から、

「旅行」52・7%、「テレビ／ドラマ」32・1%、「グルメ」31・4%、「読書」30・2%、「健康」29・8%の順だったという（ソニー生命保険「シニアの生活意識調査2017」）。

新型コロナ禍の影響で、旅行やグルメを楽しむのが難しくなってしまったが、ワクチンや治療薬が開発されれば、徐々に移動や外食の制限も緩和されるだろう。そうなった時に、インバウンドの外国人がいなくなった今の日本は、日本人が「3密」を避けて安心・安全な旅行を楽しめる最高の場になると思う。とくに中高年世代の長いセカンドライフは、もっと国内旅行を楽しむことでいっそう充実したものになると思うのだ。

今までも定年退職後に随筆家・登山家の深田久弥氏が選定した「日本百名山」の制覇を目指すシニアは少なくなかったが、これからの「人生100年時代」は自分なりの「人生百名所」を選んで旅行することを目標にしてはどうだろうか。

たとえば、年に4～5回の国内旅行を計画し、20年超で100か所巡る旅を夢想してみる。すべて別々のところに行ってもよいし、気に入ったところに繰り返し通ってもよいだろう。あるいは、元気なアクティブシニアのうちは自分であちこち動き回る旅、サポートが必要なパッシブシニアになったらJR九州のクルーズトレイン「ななつ星in九州」などのような全部お任せの旅にするという方法もある。

私は、学生時代にアルバイトでＪＴＢの添乗員（通訳案内士）として外国人観光客をガイドしていた。マッキンゼー時代は世界中を飛び回り、70代になった今も国内外を頻繁に旅している。新型コロナ後は海外には行けていないが、オートバイや車による国内旅行は再開している。その経験からすると、国内には世界に誇れる素晴らしい名所や景勝地が四季折々に山ほどあるので、自分なりにテーマを決めて旅行をすると楽しさが倍増すると思う。

たとえば「花の名所」巡り。桜は青森の弘前公園、奈良の吉野山、秋田・角館の武家屋敷などが有名だが、そのほかにも全国各地に見事な桜がたくさんある。桜の後は、群馬・館林「つつじが岡公園」や大分・九重《くじゅう》連山のツツジが見頃となる。さらに、栃木「あしかがフラワーパーク」の藤は世界一美しいと言われるほどで、富士山を背にした山梨・本栖湖の富士芝桜も絶景だ。続いて梅雨時は鎌倉の明月院などアジサイの美しい寺がいくつもある。岐阜の可児市では花フェスタ記念公園のバラが品種も多くて長く楽しめる。

夏は北海道・中富良野「ファーム富田」のラベンダー畑が有名だが、美瑛の花畑もその美しさは世界的レベルだ。福島では喜多方の三ノ倉高原の約２００万本のヒマワリが圧巻だ。そして秋はやはり紅葉。青森・秋田にまたがる十和田湖と奥入瀬《おいらせ》渓流、宮城の鳴子峡、広島・宮島の紅葉谷公園など枚挙にいとまがない。花や紅葉だけ追いかけても、日本列島を縦断できる。

季節ごとに名所めぐりをするのも楽しいが、ちょっと変わった趣向としては、川下りや川沿いを走るドライブ、鉄道旅もよい。とくに私が好きなルートは、静岡「大井川鐵道《てつどう》」の大井川本線・井川線とそれに沿った道路である。線路と道路が何度も大井川をまたぎ、奥大井湖上駅というダム湖の上の秘境駅や「きかんしゃトーマス号」が走っている区間（新金谷駅－千頭駅）もある。同じ静岡の富士川沿い、長野・大町から新潟・糸魚川まで流れる姫川に沿った大糸線、福島・会津若松から新潟を流れて日本海に注ぐ阿賀野川に沿った磐越西線と国道49号線、奈良・和歌山・三重を流れる熊野川沿いの景観も実に美しい。

もちろん島国・日本は海岸線も外せない。千葉の九十九里浜はオーストラリアのゴールドコーストに匹敵する長さだし、南房総も魅力的だ。私が日本一きれいだと思うのは四国・愛媛の佐田岬半島から高知・足摺《あしずり》岬にかけての宇和海沿岸だが、九州の長崎・平戸島から鹿児島までの湾岸エリアも変化に富んでいる。途中にある甑島《こしきじま》の豊富な海鮮料理やさつま揚げなども堪能できる。日本にはミシュランで星を獲得した料理人がたくさんいるので、これが旅に花を添えるだろう。

そうしたテーマを設定し、それに温泉やグルメを組み合わせて旅程を作って予算も決めておけばよい。たとえば年間5回、夫婦2人で1回20万円、1年あたり100万円という具合である。パック旅行や手配旅行でもかまわないが、私は自分で好きな目的地と宿泊施設や交通手段を選んで組み立てることをお勧めする。

このようにしてリタイア後に「人生百名所」をめぐる旅を楽しむ趣味が広がっていけば、いま22兆円の日本人の国内旅行消費額は軽く2倍になるだろうし、宿泊施設や交通機関も利益が少ないパック旅行や手配旅行に頼らず、正規料金で充実したサービスを提供するという本来あるべき姿に転換できるはずだ。それは、ポストコロナの日本の再生にもつながる。

死ぬまでに貯金を使い果たそう

旅行、グルメ、大いに結構。月15万円の稼ぎを確保していれば、年金などと合わせて、そうした趣味や楽しみにお金を注ぎ込むことができる。シニア世代がお金をどんどん使えば、景気回復にもひと役買うだろう。

生活を切り詰めて老後の蓄えを増やしても、幸福度はほとんどアップしない。余分なお金をいくら持っていたところで、その分、他の人よりも幸せになれるわけではないのである。だったら月15万円の稼ぎで精神的安定を確保し、日々「ちょっとした贅沢」をして人生を謳歌すればよい。死ぬ時までに貯蓄を使い尽くしてゼロにしてしまおうと考えれば、精神的な枷も外れ、文字通り何でもできる。想定よりも長生きして、かつ貯金も使い果たしてしまったら、最後は年金、ということになる。それが75歳を超えていれば、いくら意地の悪い日本の政府でも年金はちゃんと払うはずだ、と割り切るしかない。

私たちがこれから歩むべきは、漠たる不安にさいなまれる老後ではなく、生きがいのある楽しい老後であるべきなのだ。そしてそれは、思うほど難しいことではないのである。

おわりに――稼ぐ「発想力」の鍛え方

「稼ぐ力」の大前提は、新しいビジネスモデルを生み出す「発想力（イマジネーション）」や「創造力（クリエイティビティ）」である。そんな力は自分にはない、と思っている人が多いが、実は新しいビジネスモデルを生み出すことは決して難しくない。

たとえば、一時期ワイドショーを賑わした前澤友作氏が創業したファッション通販サイト「ＺＯＺＯＴＯＷＮ」などを運営するＺＯＺＯは、前澤氏退任後の２０２０年３月期決算でも増収増益となり、時価総額は１兆円に達している。しかし、もともとその事業やシステムにユニークな仕掛けは何もない。アパレル会社やセレクトショップを寄せ集めた〝ネット服屋〟にすぎない。だが、そういうビジネスモデルはそれまで存在していなかった。そのアイデアをいち早く思いついたから、新たな鉱脈を掘り起こせたのである。

では、新しいビジネスモデルを生み出す発想力や創造力は、どうすれば身につけることができるのか？

その方法は、事業を何か一つ選び、自分だったらそれにどんな付加価値をつけて金を稼ぐか、と考えて思考を膨らませる癖をつけることだ。半分は妄想でかまわない。なぜなら、ほとんどの起業家は妄想家だからである。アップルのスティーブ・ジョブズしかり、アマゾンのジェフ・ベゾスしかり、スペースXやテスラのイーロン・マスクしかりである。そういう癖をつけると、新聞記事やネットニュースや電車の中吊り広告など情報を何でも興味を持って見るようになり、そこから自分なりのアイデアが出てくるようになるのだ。

私の場合、毎日早朝にNHK・BS1の「ワールドニュース」を視聴している。これは世界18の国と地域、23の放送局のニュースをダイレクトに伝える番組で、世界で起きていることをほぼリアルタイムで知ることができる。他のニュース番組は、よほど大きな出来事でない限り世界のことはほとんど報じないので、私にとっては極めて貴重な情報源になっている。そして、その場で必ず人や場所の固有名詞と数字をメモする。それが新しい事業やビジネスモデルを考える時、大きな刺激になるのだ。

また、新しいビジネスモデルを考えるのは、休日がよい。会社から帰ってきてくたびれている時は思考力が鈍っているので、やめたほうが賢明だ。休日を寝転んでテレビを見ながらダラダラと過ごすのではなく、たとえば土曜日の午後やレイニーサンデー（雨の日曜日）の半日くらいをそのために充て、考えついたことはネットで情報を調べながら詳しいメモを取っておくのである。

そうすると、1年間で50ほどの新しいビジネスモデルのアイデアが溜まる。それを読み返してみると、非常に強く心を打つものが二つか三つはあるはずだ。それについて今度はどのように資金を調達するのか、どんな人材が必要なのか、といったことをさらに深掘りし、具体的な事業計画と〝一緒にやる友〟を考えるのだ。

このトレーニングは、いわゆる「千本ノック」のように、とにかく数をこなすことが重要だ。そうすれば、自ずと新しいビジネスモデルを生み出す発想力や創造力が開発されていくのである。

たとえば、私の趣味の音楽で考えてみると、日本にはヤマハ音楽教室や鈴木バイオリン教室などのお陰で、ピアノやバイオリンはレベルの高い人が山ほどいる。しかし、そのぶん競争が激しいため、大半の人は稼げていない。せいぜい近所の子供に教えるくらいだ。

そこで、その人たちを組織して世界中の国々にピアノやバイオリンの先生として派遣すれば、けっこう儲かるビジネスになると思う。派遣されるほうも、近所の子供に教えているより高い収入を得ることができるだろうし海外経験を積むこともできる（コロナ禍で移動ができなければ、オンラインでのやり方を考えればよい）。

このアイデアは思いつくがまま適当に書いているのだが、日本企業に勤めている人は、社員の起業を奨励しているリクルートやサイバーエージェントなどごく一部の例外を除き、そのように思考を膨らませることがなかなかできない。なぜなら、普通の日本企業は数十年前からあった事業パターンを、その延長線上で維持しているだけだからである。そういう会社に10年以上勤めると誰もが「守り」に入り、発想力や創造力を失ってしまうのだ。

しかし、死ぬまで「稼ぐ力」をつけたければ、前述したように休日の時間の使い方を変え、発想力や創造力を開発しなければならない。そのトレーニングを始める年齢は、早ければ早いほどよいのである。

かつて私は、『50代からの選択』にこう書いた。

〈僕の人生最後のセリフは、もう、決めている。
「ああ、オレの人生良かった。本当に感謝している」こう言い残して僕はこの世を去るのだ。
そのために、悔いを残さぬよう、やり残しのないよう、これまで生きてきた。〉
70代となった今も、その思いは変わらない。それが私の「生きる力」になっている。

大前研一

本書は、単行本『50代からの「稼ぐ力」』(2019年1月刊)に加筆・削除・修正した上で新書化したものです。各章の一部に新たに加えた項目の初出は以下の通り(いずれも『週刊ポスト』連載)。第1章(20年10月30日号、21年1月29日号)、第3章(20年10月2日号)、第5章(20年12月11日号、21年2月19日号、3月5日号)、第6章(20年8月14・21日号)。

大前研一［おおまえ・けんいち］

1943年福岡県生まれ。経営コンサルティング会社マッキンゼー・アンド・カンパニー・インク入社後、本社ディレクター、日本支社長、アジア太平洋地区会長を歴任し、94年に退社。現在、ビジネス・ブレークスルー（BBT）代表取締役会長、BBT大学学長などを務め、日本の将来を担う人材育成に力を注いでいる。著書に『企業参謀』『新・資本論』などのロングセラーのほか、『大前研一 日本の論点』シリーズや『低欲望社会』『発想力』『経済を読む力』『「国家の衰退」からいかに脱するか』『新・仕事力』など多数。

編集：関 哲雄

稼ぎ続ける力 「定年消滅」時代の新しい仕事論

二〇二一年 四月六日 初版第一刷発行

著者 大前研一
発行人 鈴木崇司
発行所 株式会社小学館
〒一〇一－八〇〇一 東京都千代田区一ツ橋二ノ三ノ一
電話 編集：〇三－三二三〇－五九五一
販売：〇三－五二八一－三五五五

印刷・製本 中央精版印刷株式会社
編集協力 中村嘉孝・角山祥道・及川孝樹
本文DTP ためのり企画

Printed in Japan ISBN978-4-09-825394-4